JN410339

養양 閑한 集집

祝 • 賀 • 揮 • 毫

서예가 **윤판기**

● **奔忙偷閑** – 매우 바쁜 가운데서도 한가로움을 훔치다.

정희식 창작집

養閑集
양한집

도서출판 경남

책을 내면서

養閑 鄭 熙 植

글을 쓰는 일은 언제나 두렵고 어려웠다. 남에게 속내를 보여주는 일이기 때문이리라. 그러면서도 글은 다른 세계를 꿈꾸는 수단이었고 현실 도피의 길이기도 하였다.

처음 원고지를 본 때의 감동이 지금까지 남아 눈에 선하다.

어린시절 이웃에 아버지의 직장 친구이신 마산사람 천세병이란 분이 계셨다. 그분 댁은 산비탈을 깎아서 만든 좁다란 부지에 일자형으로 지은 양철 지붕 집이었다. 어른들을 따라가거나 심부름으로 자주 그 집을 찾아갔는데 대문 앞 문간방에 사는 동생분이 호기심의 대상이었다. 해가 중천에 뜬 한낮에 담배꽁초가 어지럽게 널린 방안에서 봉두난발한 청년이 새우잠을 자고 있었다. 벽면을 가득 채운 서가에는 책들이 즐비했고, 책상 위에는 구겨지거나 쓰다만 원고지와 펜이 있었다.

그 방에서 그가 잠에서 깰까봐 숨을 죽이고 쓰다 만 원고지를 보았다. 붉은 색 줄이 처진 원고지 칸칸에 잉크물이 그림처럼 번져 있었다. 일순 고귀하다는 감정이 들었다. 멋지고 아름답다고 생각했다.

그때는 몰랐으나 내가 성인이 되었을 때 그가 문단의 기인이자 「새」「귀천」의 천상병 시인이라는 것을 작고한 후에 알았다.

대학 진학을 앞두고 부모님과 대화 중에 무심코 국문학과를 선택하겠다는 말을 하자 "세병이 동생 상병이 같이 머리 기르고 그렇게 살려고. 안 된다"며 반대하셨다.

문학과 먹고사는 직업은 사실상 양립하기가 어렵다고 본다. 나는 농과대학의 수의학과를 선택하였고 축산 분야에서 공직의 한 길을 걸어왔다. 그 시절은 축산업이 수천 년의 역사를 바꾸는 전환기였다.

그리고 공직생활을 하면서 잊혀진 줄 알았던 문학에 대한 갈증이 남아있어 간간이 글쓰기를 하였다. 때론 주위 사람들과 아내의 눈총을 받기도 했었고 의욕에 앞서 치졸한 글도 많았다는 생각이

든다.

책의 제목을 『양한집養閑集』으로 한 배경은 정해년 새해에 윤판기 작가가 보내준 '분망투한奔忙偸閑 – 매우 바쁜 가운데서도 한가로움을 훔치다' 이라는 연하장을 받고나서이다. 반평생을 가축을 기르고 보살피는 일을 해 온 터라 이제는 대상을 바꾸어 한가로움을 훔치지는 못해도 기를 수는 있어야 되겠다는 생각에서 '양養' 자와 '한閑' 자를 선택하였다.

'양養' 자가 함축하는 의미는 너무나 많다. 양축, 양육, 양로, 봉양 등 기르고, 튼튼하게 하고, 보살피고, 베풀거나 가르치는 뜻이 있다.

'한閑' 자는 이인로의 『파한집』과 최자의 『보한집』을 비교해서는 안 되겠지만 한가로움을 깨기(破閑)보다 조금이나마 한가로움을 찾기를 바라는 마음에서 쓰게 되었다.

'집集' 자 또한, 서머셋 몸의 단편소설 「메이휴」의 주인공처럼 저술에 착수만 하고 작품을 엮어내지 못 하는 일은 없어야 되겠다는 생각에서 책을 내기로 하였다.

책의 내용은 주로 농촌 관련 이야기로서 전문지에 게재되었던 칼럼과 콩트 등을 한데 묶어 발간하였다. 오래된 글들이 있어서 다소 시사성이 떨어지고 일부 개념이 바뀐 부분도 있기 때문에 보시는 분들의 양해를 구한다.

끝으로 긴 세월 자료를 잘 보관해 준 아내 강혜봉에게 이 책을 바치며, 큰아들 우철, 큰며느리 김부경 그리고 작은 아들 우재와 출간의 기쁨을 함께하고자 한다.

책이 나오기까지 도움을 주신 도서출판 '경남'의 오하룡 사장님, 안희복 사장님, 김길환 동문회장 및 동문들, 이규학 군청 홍보담당님, 원고를 정리해 준 정은진 양과 제호를 써주신 윤판기 작가님께 감사를 드리며, 평소 변변치 못한 제 글을 읽어주시고 격려와 조언을 아끼지 않으신 모든 분들에게 고맙다는 말씀을 올립니다.

2008년 12월

누구나의 마음에 糧食이 될 養閑集

능안 김 해 석_한국예총 합천지부장 · 시조시인

정희식의 글쓰기가 한 과정을 정리하고 있다. 그것이 바로 『양한집養閑集』의 발간이다. 이로써 그는 또 다른 시작을 알린다.

모든 글짓기가 시작beginning이라고 E. 사이드가 말한 바 있는데 첫 창작집을 내는 정희식에게 이러한 시작의 의미는 자못 큰 바가 있다 하겠다.

사이드가 말하는 시작의 의미는 이러하다. '간단히 말해서 시작의 차이는 만드는 것이다. 그러나 그 차이란 이미 친숙한 것과 새로운 인간의 작업이 결합한 결과를 말한다. 이 새로운 것과 관습적인 것의 상호작용 – 이것 없이는 시작이 있을 수 없다' 물론 사이드가 말하고 있는 시작은 '현실생활을 역사적 맥락 위에서 인식하면서 새로운 가치를 시도하는 행위' 라는 뜻으로 읽히는 비평적 가치원리이다.

정희식은 이미 30여 년 글짓기를 해 왔고 『양한집』이라는 창작집을 발간하는 저자에게 왜 글짓기의 시작이라고 하는가?

정희식의 첫 창작집의 글들을 읽으면서 나는 여러 감회에 젖는다. 만약 그가 수의학과를 택하지 않고 국문학과에 진학해 바쁜 공직에 얽매이지 않고 지금까지 글짓기에 전념했다면 지금쯤 훌륭한 작가가 되어 있지 않을까 하는 생각이다. 그만큼 글짓기에 소질을 갖추었다는 것이다. 그는 또 감수성이 예민한 어린 시절 이웃한 「귀천」의 시인 천상병을 만나고 그를 동경하며 글짓기에 매료되어 있었기 때문에 그 바쁜 공직생활 틈틈이 이러한 글들을 쓰지 않았을까.

『양한집』에 수록된 산문 6, 칼럼 14, 콩트 15, 소설 2편의 글을 읽으며 전문분야는 물론 다방면에 걸쳐 많은 독서량과 그로 인한 해박한 지식, 모든 사물의 관찰력, 풍부한 상상력을 보았기 때문이다.

글을 짓는다는 것은 고여 있는 물을 떠서 다른 그릇에 담는 것과는 다르다. 깊은 샘 줄기에서 생수를 퍼서 독자들에게 주는 노력이 필요하다. 이때 샘 줄기가 되는 것은 작가의 독서량, 관찰력, 꾸준한 사고력을 가리킨다.

이제 정희식은 곧 공직을 마치고 그가 갈구하는 양한養閑의 시간을 가질 것이다. 그러면 그야말로 본격적인 글짓기가 시작되지 않겠는가. 바라건대 앞으로 더 좋은 글 많이 써 우리들 마음에 풍부한 양식이 되어 주었으면 하는 바람이다.

—戊子年立冬節에 南汀江邊에서

산문
Prose

칼럼
Column

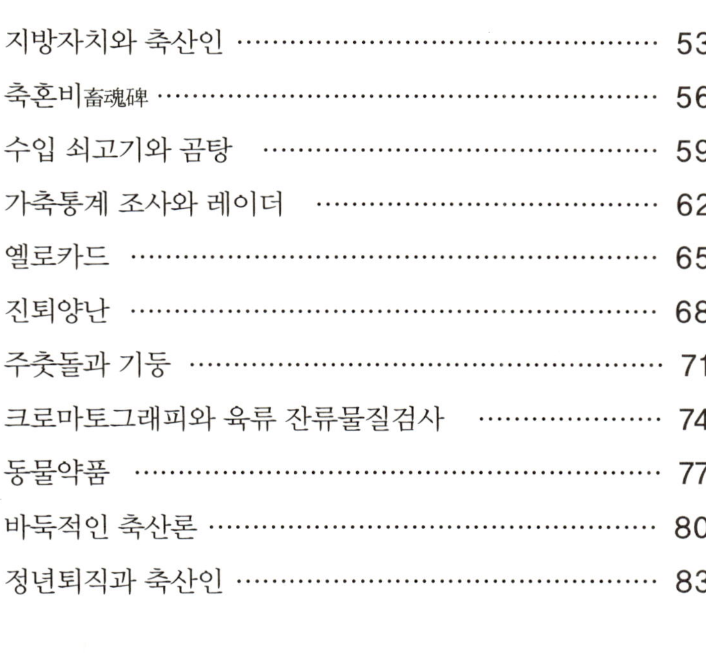

콩트
Conte

단편소설
Short story

산문
Prose

정지용의 『황소』

정지용의 시 「향수」를 보면 얼룩빼기 황소가 나옵니다. 이것은 잘못된 표현이라 말하는 사람도 있고 얼룩빼기가 사투리로 '요즘 우리가 말하는 얼룩소가 아니다' 라는 사람도 있습니다. 그리고 '송아지 얼룩송아지라는 노래와의 관련은 있는 건가요?' '우리나라 토종 소는 뭐고, 얼룩소는 언제 들어왔나요?'

함께하는 국어교육 97가을호 "묻고 답하기"에서 질문된 내용이다. 이에 대한 답으로 '정지용의 황소' 라 하면 어떤 소인지 또 '얼룩송아지' 는 우리 정서와 관계가 있는지에 대하여 축산인으로서 독자들이 가질 수 있는 오해를 풀고자 한다.

정지용은 1902년 충청북도 옥천 출생이다. 그의 시 「향수」는 『요람』(1923)과 『조선지광』(1927)이라는 등사판 잡지에 발표되었다. 「향수」의 배경, 옥천은 넓은 벌 동쪽으로 실개천이 흐르고, 얼룩빼기 황소가 해슬피 울음을 우는 곳으로 정지용이 꿈에도 잊지 못하는 고향이다.

「향수」가 발표되던 시절은 일제가 1910년 이후부터 일본군의 부식용 소고기 공급 및 일본 국내의 화우개량을 위한 종자 등으로 쓸 목적에서 우리나라의 한우를 착취한 시기였다.

일본인들은 한우 순화를 하려고 이모색異毛色이 있는 칡소 및 흑모우 등을 계속 도태淘汰하였다. 일설에는 한민족의 정신을 말살시키려는 의도에서 순하기는 한데도 호랑이와 싸울 정도로 강인한 칡소를 멸종하려 했다는 이야기도 있다. 이러한 일은 오늘날 한우개량에 있어서도 황갈색 소 외는 이모색 소로써 한우의 정통을 인정하지 않고 있다. 이렇게 되다 보니 대다수의 사람들은 우리 한우는 황갈색 소 한 가지뿐으로 알고 있지 않나 생각된다.

얼룩빼기, 얼룩소와 비교되는 젖소가 우리나라에서 사육되기 시작한 시기는 언제쯤일까. 대한제국시대에 프랑스인 숏트라는 사람이 일본에서 홀스타인 종 젖소 20여 두를 도입하여 지금의 신촌역 부근에서 처음 시작하였다고 문헌에는 나와 있다.

그리고 정지용 시인이 향수를 발표한 1923년 이전에 우리나라에서 사육된 홀스타인 젖소는 500여 두로 추정되며 서울 근교와 경기 인근 지역의 일본인 농민들이 사육하였다고 한다.

우리나라의 소는 한우라고 칭하기 전에 이미 뿔 모양, 털 및 용도, 성별, 나이 등으로 구분하여 다양한 이름이 정하여져 있었다.

털빛에 따라서는 검정소, 누렁소, 어룽소, 얼룩빼기소, 얼룩소, 칡소 등으로 불리었다. 한국마사회가 발행한 조준편 한국 마방전서(76판)의 부록 우의방을 보면 옛날부터 소의 털 색깔에 따라 이름을 달리 부르고 있음을 알 수 있다.

그렇다면 정지용 시인의 꿈엔들 잊지 못하는 고향 충북 옥천에 대대로 살아온 해슬피 게으른 울음을 우는 황소는 어떤 소일까.

우리나라의 소는 우리 민족과 함께 애환을 함께하면서 살아온 소중한 가축으로서 근면성과 강인성이 우리의 민족성과 같다고 한다. 정지용 시인이 고향을 그리워하면서 떠올린 소는 우리와 함께 수천 년을 살아온 소이지 몇 명의 일본인들이 기르던 젖소가 아님은 두말할 필요가 없을 것이다. 부언하자면 홀스타인 종 젖소 수놈은 해슬피 게으른 울음을 울 줄도 모르고 무척이나 거친 점도 알아야 한다.

1994년부터 경상남도 고성군에서는 멸종 위기에 놓인 우리 소의 유전자원을 확보하고 WTO 등 소고기의 수입개방체제에 대비하여 온몸이 칡넝쿨 같은 얼룩무늬를 가진 토종한우 칡소(일명 호반우) 사육사업을 추진한 바 있다.

이 소의 장점은 분만과 포유哺乳능력이 우수하고 성질이 순하다. 특히 육질이 부드럽고 맛이 고소하여 마블링으로 등급을 매기는 현재의 세계적인 추세에 비하여 앞으로 국제경쟁력뿐만 아니라 소비자가 찾는 웰빙의 고급육을 생산할 수 있는 소중한 우리 유전자원이라고 볼 수 있다. 그리고 칡소의 송아지가 엄마소를 닮아서 얼룩소인 것과 종모우로 사육되는 덩치가 큰 얼룩빼기 황소는 해슬피 울음을 울 정도로 순한 점도 밝혀 둔다.

정지용의 황소는 우리에게 친밀감을 주는 우리의 한우다. 오해가 없기를 바란다.

가을 산야의 목초

금년 여름은 잦은 호우와 무더위가 기승을 부려서 모두들 힘들었던 여름으로 기억될 것이다. 이제 계절은 가을이 깊어 한로를 앞두고 있다. 가을은 나들이를 하거나, 등산에 적합한 계절이다. 산야에 나가 보면 낯이 익으나 이름도 모르는 풀들이 많이 자라는 것을 볼 수 있다.

어떻게 보면 오래 전부터 보아왔기 때문에 당연히 우리나라 재래종 같기도 하고 좀 더 관심을 가지고 관찰하면 외래종 즉, 귀화식물로 구분도 될 것이다. 돼지풀, 미국자리공과 같은 귀화식물은 생태계를 해치는 위해식물이다. 반면 목장의 초지에 심는 '목초' 외에도 '양잔디' 라는 목초 종류는 제방이나 도로의 절개지에 심어서 토사의 유출 방지에 활용되고 있다. 그렇다고 이들 목초가 우리나라의 식물 생태계에 유용한 존재라고 보기에는 무리가 따른다. 대부분의 도로변을 살펴보면 재래종 잔디보다 목초가 더 잘 자란다. 목초는 군집하여 잔디 등을 몰아내고 도로변의 우점종으로 자리를 잡았다. 이렇듯 우리들이 자주 보는 키가 크고 잘생긴 풀들은 잔디가 아니고 서양에서 가축의 먹이로 개량한 목초들이다.

우리나라에 외래종 목초가 들어온 시기는 1905년 초지 및 사료작물의 연구용으로 들어왔고, 본격적인 도입은 1960년대 정부의 축산정책 장려시책으로 초지 개발이 대대적으로 시작되면서였다. 이후 초지 조성은 확대되다가 1980년대에 들어서면서 인력난과 계절적인 생산, 경제적인 문제로 차츰 줄어들고 현재는 사료포지를 이용하는 시책으로 전환되고 있다. 초지 조성의 감소에는 여러 가지 원인이 있겠지만 초지에 나는 잡초(특히 외래 잡초)에 대한 시달림도 무시할 수 없었다. 초지의 잡초는 종족 보존을 위하여 온갖 악조건 속에서도 왕성하게 번식하며 끊임없이 농민을 괴롭혀왔다. 그러나 잡초는 사람들의 입장에서 보는 개념이지 환경 생태계에서는 다양한 생물의 한 종류일 뿐이다.

사람들이 보호하고 가꾸는 초지에서 목초들은 다른 식물들과의 경쟁에서 밀려나고 오히려 사람의 보호를 받지 않는 길가나 언덕배기에서 잘 크고 있다. 인위적인 보호 속에서 자생력을 상실한 목초들은 사람의 손이 가지 않는 자연 상태에서는 외국 땅에서도 잘 자란다.

저수지의 제방에 눈에 익은 풀잎이 터부룩하게 자라 있다. 톨 훼스큐라는 이 목초는 뿌리가 깊게 뻗고 척박한 토양과 가뭄에 강하여 오래 전부터 우리나라의 제방, 운동장, 산야에 자리를 잡았다. 그리고 최근에는 도로와 공사판의 절개지에 이러한 목초들을 혼합하여 피복하는 씨드 스프레이 공법이 발달됨에 따라 곳곳이 초지화되고 이 목초를 따라온 외래 식물들도 큰 문제이다. 목초 종자의 수확 과정에서 갖가지 외국 식물들의 종자가 혼입되고 선별되지 않은 채 뿌려져서 우점종으로 자리를 잡아가고 있다.

이처럼 우리들이 알지 못하는 사이에 외래식물이 산야를 점령하고 있다. 또한, 단지 절개지의 피복 등에만 효과를 둔 외국산 목초도 외래식물로 우려할 수준이다. 목초니까 가축의 사료로 이용하면 되겠지."라고 할 수 있겠으나. 현실적으로 부적합하다. 한때는 우리나라 토종 풀인 억새 등을 재래종 목초로 개량한 바 있었지만 경제성에서 농민의 호평을 받지 못한 것과 같다.

외래종이지만 가을철 산야에서 꽃을 피우는 목초의 특징을 관찰해 보자. 톨 훼스큐는 줄기가 굵고 잎의 골이 뚜렷하게 파였고 거칠며 쭉 뻗은 가지에 제비 날개 같은 이삭이 달려 있다. 티모시는 잎이 넓고 부드러우며 양분저장용 비늘 형태의 뿌리가 있다. 이삭은 포실포실한 털이 나고 개꼬리를 닮았는데 강아지풀(서양에서는 Green foxtail이라 한다)에 비하여 굵고 크다. 메도우 폭스테일은 여우 꼬리와 닮았다 하여 붙여진 이름이다. 그리고 바랭이 풀을 확대한 것 같은 사바 그라스와 판골라 그라스 종류는 억새와 함께 꽃이 피어 가을의 정취를 풍성하게 느끼게 한다.

레드톱은 이삭과 종자가 붉은색을 띠고 있다. 켄터키블루 그라스는 잔디로도 이용하고 잎은 짙은 녹색이며, 종자에 거미줄 같은 털이 있다. 오차드 그라스는 이삭의 모양이 닭발 모양이고, 우리나라에서 초지 조성을 할 때에 많이 이용되고 있다. 이탈리안라이 그라스와 페레니얼라이 그라스의 종류들은 잎에 광택이 나고 어릴 때는 접혀 있다. 이삭 모양은 1센티 내외로 좁게 길쭉하게 멋없이 자라며 초장도 짧다.

이 정도면 비록 외래종이나 억새 무리에 섞여 가을 풀꽃을 피우고 있는 목초들이 어느 정도는 구별되리라 생각한다.

올 가을에는 한적한 산길과 도로변, 절개지, 제방 및 주변에서 만나게 되는 이름 모를 풀들의 이름도 알고, 낯선 곳에서 종족을 유지하며, 살아가기 위해 투쟁하는 목초의 근성에서 배울 것도 있을 것이다. 생명을 가진 모든 생명체는 어떠한 상황에서도 사는 것이 최고의 목표임을 알아야 한다.

중국의 농축산업에 대한 이해

오늘날 중국의 농축산물 생산과 소비를 생각해 보면 광활한 땅, 싼 노동력, 만만디한 시간 그리고 인해전술을 연상케 하는 물량공세 등이 위압감을 가지게 한다. 지정학적, 역사적인 관점에서 한반도라는 동북아시아의 요충지에 살고 있는 우리는 특히 농축산업과 관련되어서 중국은 수입국, 일본은 수출국이라는 등식이 성립되어 왔고, 거의 고정관념에 젖어 중국의 농축산물하면 공포와 거부감이 앞서고 있었다.

그런데 한번쯤은 '중국이 언제까지나 농축산물 수출정책을 유지할 것인가' 라는 의문을 가져보면 흥미로운 사실을 발견할 수 있다. 최근 중국의 급격한 경제 성장 배경에는 13억 인민들의 먹을거리 해결이라는 과제가 놓여 있다.

우리나라가 70년대에 급격한 경제 성장을 이룬 후 제일 먼저 변화한 것은 보릿고개의 탈피였다. 먹을거리 문제가 해결되면서 축산물의 소비가 늘어났는데, 먹는 욕망의 정점에 양질의 단백질인 고기가 있다는 사실은 시대와 국가를 초월하여 인간사에 존재하는 본능이라고 생각된다. 야생 생태계를 제외하고 고기는 어디에서 공급되는가. 축산업에서는 사료인 식물성을 가축이 섭취하여 고기로 바꾼 것을 인간이 이용하고, 다시 박테리아가 분해하여 식물 그리고 초식동물이 먹어 먹이사슬은 돌고 돈다. 사료가 가축의 먹이로 되어 같은 중량의 고기로 생산되는 과정에서는 9배 정도가 필요하다.

가축 사료의 대부분인 약 70% 정도는 옥수수가 차지하는데 우리나라는 지난해 미국산 옥수수를 394만 톤 수입했다. 주목할 점은 중국에서 수입된 옥수수가 2003년도에 636만 톤이던 것이 지난해에는 136만 톤으로 79%가 감소한 것이다. 원인을 보면 작황이나 무역 여건을 고려하더라도, 중국의 축산 기반 확대를 위한 자급 소비가 늘어난 때문으로 풀이된다. 이처럼 중국이 외화벌이에서 국내 수급으로 전환한 동기 또한 육류 소비 증가를 대비한 정책적인 조치로 볼 수 있다.

옥수수 외에도 최근 원유와 전기동 등 국제 원자재의 CRB(미국상품거래소 상장 21개 품목의 상품 선물 시세를 지수화한 것) 지수가 사상 최고가로 들썩이는 것도 중국의 수요 급증 탓이라고 한다. 지난해 옥수수 가격이 38% 이상까지 급등한 원인도 중국의 가축 사료용 옥수수 소비와 해상 운송 증가로 들 수 있다.

중국은 북경올림픽 특수를 계기로 농축산업 전반에 혁명적인 발전 계획을 추진하고 있다. 올림픽 이후 중국의 농축산업과 농축산물 소비 성향 변화는 예측 불가하다. 농축산물 수출국에서 언제쯤 수입국으로 전환될지 모른다. 먹을거리의 확보가 이념과 국경을 초월한다는 것은 소련이 붕괴되는 과정을 통해 우리는 잊지 않고 있다.

구제역이 발생되기 전에 우리 도는 일본에 전국의 돼지고기 수출량의 27%인 2만 톤을 수출한 바 있었다. 지금은 수출이 중단된 채 벌써 5년이 지나고 있다. 그렇다면 과연 우리나라의 양돈산업은 수출을 하지 않아도 될 만치 안정적인가? 근래의 호가가 언제까지 지속되리라 보는가? 극심한 등락으로 치닫고 있는 양돈산업의 곡선은 내수의 안정으로만 개선되기는 어렵다. 이와 같이 많은 문제가 있는 것 같은데, 여러 가지 사정이 있어서인지 세월이 흘렀다. 그러나 정작 우리나라보다 먼저 구제역이 발생되었던 중국과 대만은 돼지고기를 열처리하여 일본으로 수출하고 있다.

중국의 변화에 대비한 일본의 시각은 어떠한가. 우리 돼지고기가 수출되지 않는 동안 일본 시장은 어떻게 바뀌고 있을까. 중국의 농축산업 전반에 일어나고 있는 현상을 우리는 어떻게 이해할 것인가. 또 우리는 어떤 비전을 가지고 대처해야 하는가. 많은 이해가 필요하다는 생각이다.

수년 전부터 우리 도는 전염병에 영향을 받지 않고 돼지고기를 일본에 수출하려는 계획을 추진해 왔다. 열처리 방법이라는 이 시스템은 이미 중국이나 대만 외에도 EU에서도 일본 수출에 이용하고 있다. 일본은 수입되는 축산물에 대한 검역을 강화하고 안전한 먹을거리를 국민에게 공급하기 위하여 미국에서 수입되는 쇠고기를 BSE(소해면상뇌증) 발생을 이유로 미국의 수출 재개 압력에도 굴하지 않고 수입 금지시키고 있다.

앞으로 우리 정부와 일본 사이에 축산물 수출입 위생조건이 협의되고 열처리한 우리나라의 돼지고기가 일본으로 수출되려면 많은 조건이 충족되어야 할 것이다. 그동안 우리나라 육류수출입협회(김강식 회장)에서는 일본 관계자들을 초청하여 열처리 돼지고기의 수출을 추진한 바 있었으며, 우리 도에서는 열처리한 돼지고기를 일본에 수출하기 위한 예산의 확보와 아울러 일본 현지 시장조사 등 필요한 사항을 검토해 오고 있다. 장마 때 우물을 파라는 말이 있다. 위기가 언제나 기회가 되는 사례는 아닐지라도, 위기에 봉착한 우리 농축산업의 미래를 중국과 연관시켜서 장기적인 관점에서 로드맵을 그려볼 시기라 생각한다.

지난 1월 동경에 갔을 때 세계적인 육류 유통정보 전문지를 발행하는 '식육 통신사'를 방문하여 우리 도의 계획에 적극적인 협조를 약속받은 적이 있었다. 여기서 입수한 미트저널 1월호 기사 중에 일본 사람이 쓴 중국 농축산업 현지 보고서가 있다. 중국의 급격한 경제성장과 산업의 재편, 도시와 농촌의 격차, 양질의 먹을거리 추구 등등 중국의 변화에 대한 일본의 시각을 볼 수 있는 내용으로 우리에게 전해지는 시사점이 많았다.

방귀와 트림의 배출권

'산정 높이 올라가 굶어서 얼어 죽는 눈 덮인 킬리만자로의 그 표범이고 싶다' 조용필이 노래하고 김희갑이 작곡한 킬리만자로의 표범이란 노랫말 일부이다.

눈 덮인 킬리만자로를 상상하면서 길기도 한 이 노래를 들었는데 최근에 킬리만자로의 만년설이 녹아 없어지고 있다는 외신을 보면서 지구의 온난화가 정말로 심각하다는 생각을 하게 되었다. 수십 년 내에 산정을 덮고 있는 눈이 녹아내리고 앙상한 표토가 드러날 것 같다는 보도는 이제 얼마 있지 않아 킬리만자로의 표범이 굶어서 얼어 죽을 눈 덮인 킬리만자로는 지구상에서 사라질 운명이라는 것이다.

뿐만 아니라 북극과 남극의 빙하도 녹아내리는 속도가 점차 빨라지고 북극에서는 북극곰이 익사하는 사례가 빈번하다고 한다. 어쩌면 북극곰이 멸종될지도 모른다. 또한 빙하가 녹는 바람에 해수면 상승으로 해안가 저지대가 바닷물에 잠기는 대재앙이 예견된다. 이러한 현상은 지구의 온실 효과에 의한 온난화로 기온이 상승하기 때문이다.

인류 문명이 발달되면서 화석연료의 사용량이 급증하고 온난화의 원인이 되는 인, 이산화탄소, 메탄, 이산화질소, 수화불화탄소, 과불화탄소, 육불화황 들이 대기 중에 엄청나게 배출되고 있다. 주요 형태로는 열대우림의 벌목 등에 따른 이산화탄소 배출, 에너지 소비로 인한 대기 오염물질 CO_2, NO_X, CH_4 발생, 화학공업의 생산과 사용시 육불화황 발생, 그리고 농축산업 및 폐기물 매립으로 메탄과 이산화질소가 발생된다.

사정이 이렇다 보니 일본과 유럽연합 등 선진 38개국이 2008년에서 2012년 사이에 온실가스를 얼마 이상 내뿜을 수 없다고 하는 국제규약 즉, 교토의정서를 만들었다. 우리나라는 2002년 비준하고 2005년 2월 발표하였으며, 선진국은 온실가스 감축 목표(1990년 기준으로 5.25% 감축)를 달성하기 위하여 개도국을 지원하는 신축성 있는 체제를 부여하는 교토 메커니즘을 도입하였다.

이것을 청정개발체제Clean development mechanism:CDM라고 하며 온실가스 감축의무 이행방법의 하나로 선진국이 개도국의 온실가스 저감사업에 투자하여 얻게 된 온실가스 배출 감축량을 국제기구의 승인을 통하여 온실가스 배출 저감권으로 인정하는 제도이다. 교토의정서에 명시된 CDM의 목적은 개도국의 지속가능한 개발지원 및 기후 협약의 목적 달성 기여와 동시에 선진국의 온실가스 배출 감축 의무 달성을 돕는데 있다. 선진국은 저비용으로 온실가스 배출권을 획득하고 유치국은 온실가스 배출량 감소기술 및 자본 이전, 지속 가능한 에너지 생산촉진과 고용창출, 화학연료 사용감소로 인한 대기오염, 수질오염 감소 및 환경 개선의 혜택을 받게 된다.

CDM사업은 에너지효율 개선, 재생에너지사업, 연료전환, 산업공정, 폐기물처리, 조림 및 재조림 사업 분야가 되겠으며, 타탕성 조사, 사업승인 국제기구의 검증 등을 거쳐 배출권을 승인, 획득하는 절차를 추진한다.

한마디로 말해서 선진국은 방귀와 트림을 하면서 개발도상국에서는 참든가 에너지원으로 활용하여 위에서 말한 유치국으로서 혜택을 받는 배출권제도라 할 수 있다.

하필이면 방귀와 트림을 비유를 하는가 하는 것은 방귀의 성분과 트림의 성분에도 온실가스가 발생되어 감축의 목표가 되지 않을까 하는 노파심에서 하는 말이다.

사실 방귀의 화학적인 성분은 주로 메탄과 탄산가스, 수소이고 트림 역시 탄산가스가 포함되어 있다. 엄밀히 말하면 방귀의 메탄가스도 정제하면 불이 붙는다. 소와 같은 반추가축은 정말 많은 양의 탄산가스가 발생된다고 한다.

소 외에 돼지의 분뇨에서 발생되는 다량의 메탄가스도 사실상 큰 문제다. 온실가스도 그렇지만 당장 처리할 방법이 마땅하지 않은 어려움이 있다.

대부분의 양돈 분뇨는 톱밥이나 왕겨를 섞어 퇴비로 만들거나 액비로 부숙시켜서 유기질비료로 활용한다. 그리고 일부 대규모 공동처리장에서 하수와 함께 처리하여 방류하지만 그것도 어려운 형편에서는 해양 배출이라는 방법을 동원한다.

그런데 해양 배출도 런던협약으로 2012년부터 전면 금지된다고 하며, 최근 배출기준이 강화되어 수입개방과 한 · 칠레 FTA협상 등으로 가뜩이나 어려운 양돈농가의 근심이 늘어가고 있다.

우리 도에서는 이러한 문제점을 해결하고자 오래 전부터 가축 분뇨의 자원화 시책을 추진하여 왔으며 축산업과 농업을 연계한 자연 순환형 농업에 역점을 두고 있다. 가축의 분뇨 처리는 축산농가에 있어서 지속적으로 축산을 하는가, 마는가라는 중요한 변수로 작용하게 되었고 자연환경의 보전과 양질의 축산물 생산이라는 과제를 함께 해결하여야 할 시점이라고 본다.

따라서 소규모 농가와 자원화가 어려운 농가는 공동처리장을 활용하고 규모가 비교적 큰 농가는 액비와 퇴비화를 병행하며, 경종 농가와 연계한 축분유통센터 이용을 활성화하여 유기질 비료로 이용을 확대해 갈 계획이다. 아울러 해양 배출 중단을 대비하여 양돈 분뇨를 CDM 사업과 연계 처리하는 바이오가스 생산시범사업도 시행할 필요가 있다.

가축 분뇨를 처리하고 발생되는 메탄가스로 에너지를 생산하는 계획은 국내외에서 활발하게 추진되고 있다. 그러나 가축 분뇨의 처리나 메탄가스의 생산은 어렵기도 하거니와 좀 단순한 측면이 있기 때문에 좀 더 거시적인 안목에서 접근할 필요가 있다. 이러한 의미에서 CDM 사업과 연관 짓는 것은 매우 중대한 의미가 있다. 앞에서 언급하듯이 양돈분뇨에서 발생하는 메탄가스는 지구 온실가스의 일종이지만 전기 발전에 이용할 수 있으며 메탄 발효과정에서 열 가수분해 과정을 통해 분뇨의 양을 감소시키는 효과를 거둘 수 있다.

근간에 국제유가가 배럴당 사상 첫 70달러를 돌파했다. 미국을 비롯한 곡물 자원국에서는 석유를 대체할 에너지 자원으로 옥수수나 사탕수수를 이용한 바이오에너지가 실용화되고 있다. 다행히 양돈 분뇨의 주성분은 물 외에 돼지가 먹은 후 소화시키고 남은 약 20~30% 정도의 곡물이다. 돼지 사료 원료를 거의 수입해서 만드는 우리나라에서 자원의 재활용 측면까지 감안할 적에 가축 분뇨를 이용한 바이오 가스 생산은 향후 새로운 대체 에너지원으로서 각광을 받을 것이다.

한번 잃어버린 자연환경이 다시 살아나기가 어렵겠지만, 먼 훗

날 사라져간 킬리만자로의 만년설이 다시 쌓이고 그곳에서 표범을 보기를 기대한다. 남북극의 빙하가 제 모습을 찾기를 바라는 지구인들의 소망에 비하여 너무나 작고 보잘것없어 보이는 우리의 노력들이 알찬 효과를 갖기를 기원한다.

자전거에 대한 추억

저녁 해질 무렵이었다. 고모부가 타고 오신 자전거를 몰래 타고서 신바람 나게 달리는 중이었다. 갑자기 하늘이 캄캄해지며, 마치 소나기구름이 몰려온 것처럼, 앞이 잘 보이지 않았다. 겨울 철새인 갈까마귀 떼가 보리밭에서 먹이를 먹고 난 뒤 강변에 있는 대밭으로 잠자리를 찾아가면서 하늘을 가득 덮는 군무를 펼쳤기 때문이다.

어린시절 진주의 초겨울 저녁은 수만 마리의 갈까마귀 떼들이 우는 소리와 날갯짓 소리로 시작되었다. 그런데 모퉁이를 도는 순간, 길 앞쪽에 며칠 전 내린 눈이 녹은 물을 끌어내려고 파놓은 배수로가 보였다.

자전거를 처음 배운 때를 잘 기억하지 못하지만, 자전거를 타는 꿈을 꿀 정도로 자전거를 타고 싶었던 시기였다. 우리 동네에는 자전거를 가진 집이 몇 집밖에 없었는데, 주로 화물용으로 차체가 길고, 높이가 낮은데다 체인이 돼지 뱃가죽처럼 축 늘어졌고, 시커먼 석탄 색깔이 배어 있었다. 진주역에서 남쪽에 있는 철도 관사는 그 시절 동네 사이로 난 길이 신작로만큼 넓었다. 어른들은 그 길로 석탄을 태우고 난 뒤에 나온 코크스를 실어 날랐고, 아이들은 방과 후 시커먼 때가 묻는 자전거를 타고 동네를 누볐다.

검고, 낮은 화물용 자전거를 타고 휘파람을 불면서 달리는 친구들에게 애걸복걸하여, 어쩌다가 한 번씩 얻어 타는 재미는 너무나 감질나고 속이 상하는 터였다. 다리가 짧아 차체와 페달 사이로 다리를 꼬아 넣고 달리는 아이들, 발이 닿지 않으니 몸 반쪽을 똥판 위에서 번갈아 가며 위치를 바꾸는 아이들, 자전거가 있는 집 아이들은 좋았다. 포니 택시가 처음 보급되어 자가용으로 가졌던 사람들도 이만큼이나 신났을까. 자전거를 타다가 지쳐버린 친구들이 간혹 선심을 쓰는 척하며, 고구마나 구슬을 받고 자전거를 타도록 해주면, 땅거미가 내리고 밥 짓는 연기가 사라질 때까지 달리고 또 달렸다. 급기야 '밥 안 먹으면 없다' 는 어머니의 호통에 마지못해서 자전거를 돌려 줄 정도였다.

고모부의 자전거는 우체부들이 타는 빨간색 승용 새 자전거였다. 짐칸이 커다랗고 검은색으로 물든 동네 아이들이 타는 자전거와는 비교할 수 없었다. 고급이고 우아하고 높직했다. 바퀴가 번쩍번쩍하며, 페달을 밟으려면 얼마나 빨리 달려 나가던지 한껏 뽐내었다. 조금 흠이라면 화물용 자전거보다 높아서 페달을 밟으려면 온몸의 균형을 비틀어야 했다. 짧은 다리로 돌아서 오르는 페달을 번갈아 가면서 밟았다. 급기야 사타구니 사이에 따가운 기운이 돌았다. 그렇다 하여 모처럼 잡은 기회를 쉽게 그만둘 수가 없었다.

배수로를 통과하는 순간, 몸이 솟구치면서 핸들을 놓쳐 버렸다. 자전거와 몸이 길 옆 측백나무 울타리 속으로 넘어졌는데 나무 사이에 철조망이 쳐져 있었다. 정신을 차려보니 자전거 앞 물받침이 비틀어진 것이 보였다. 라이트도 틀어져 있었다. 배와 무릎이 몹시 아팠다. 하지만, 자전거 다친 것이 걱정이지 철조망에 긁힌 뱃가죽과 무릎은 생각할 겨를이 없었다. 행여 누가 볼까봐 황급히 자전거를 끌고 나와 틀어진 곳을 바로 하고 흙을 털어내어 처음의 자리에 살며시 세워 놓았다. 아무 일 없다는 듯이….

밤중에 어머니가 깨우시는 통에 일어나 보니 배와 무릎이 터져 굳어진 피가 엉켜 있었다.

'무슨 일로 이렇게 되었느냐' 하시는 어머니에게 사실대로 말할 수가 없었다. 막걸리 한 주전자를 혼자서 다 비우고 어둑해진 길을 라이트를 밝힌 채 비틀거리며 가시던 고모부가, 간혹은 자전거를 타고 넘어졌다는 말이 기억났다. 친구와 장난이 심하여 좀 긁혔을 뿐이라고 둘러댔으나, 고모부가 다시 찾아오기까지 근 한 달 동안은 뱃가죽을 가로지르는 철조망에 찢긴 상처가 곪아터지는 아픔보다, 고모부께서 자전거가 탈이 난 것을 이야기할까 봐 늘 노심초사했었다.

오래 전 아이들에게 자전거 타기를 가르쳐 주며 갈까마귀 무리가 하늘을 가득히 덮었던 그날을 생각했었다. 그리고 '자전거에서 떨어져 아픈 것보다 자전거를 더 걱정하며 일어날 때에, 그때 바로 자신도 모르게 인생의 의미를 알게 되는 것' 이라는 이야기를 아이들에게 마음속으로 전했다.

"자전거든 인생이든 넘어질 수 있다. 그러나 일어서서 열심히 페달을 밟아야 다시 달릴 수 있다. 그러면 넘어지지 않는다."

모든 길은 로마로 통한다

-마음을 통하는 길

지난해 봄 함양군이 발의하여 건교부에 요청한 함양을 통과하는 대전 거제 간 철도 건설안이 건교부의 장기종합계획에 포함된 것으로 2005년 봄 함양군의 홈페이지에 올라 있었다.

이 철도가 건설되면 상대적으로 낙후된 남부 내륙의 개발이 촉진되고 항만공업 지역과 수도권 연결 물류비용 절감 효과뿐만 아니라, 관광개발 면에서도 지리산, 덕유산권 및 한려해상국립공원이 함께 촉진될 것으로 전망되고 있다. 기존의 88고속도로와 대진고속도로의 개통으로 함양이 한반도의 중서부 내륙의 거점으로 무한한 성장 여건을 보여 왔지만, 함양 울산 간의 고속도로 개통에 이어 철도가 건설되면 한반도의 주요한 모든 길은 함양으로 통한다는 말이 생겨날 수도 있다.

철도의 역사는 도로에 비하면 얼마 되지 않았다. 산업혁명과 증기기관의 발달은 우마차를 대신하는 교통수단으로 레일을 운행하는 철도를 발전시켰다.

우리나라에 철도가 들어온 시기는 100년 정도 된다. 지금은 자동차가 도로의 주인 행세를 하지만, 일제가 식민시대에 대륙 침략의 목적으로 철도를 개통한 후 우마차가 통행하는 길보다 더 편리한 철도의 시대가 도래한 적이 있었다.

함양과 가까운 진주까지 철도가 온 것은 남조선 철도회사가 1922년 착공하여 1925년 6월 10일에 공사를 완료하고 6월 15일 개통한 때이다. 철도가 개설되기 전에는 마산에서 진주까지 가는 길은 금산, 도동, 말티 고개를 넘어 산청, 함양을 거쳐 김천으로 가는 조선시대의 길이 있었다.

함양은 옛날부터 교통의 요충지였다. 삼한시대에는 변진 24국 중에 하나였고 삼국시대에는 신라와 백제의 접경에 위치하여 일진일퇴의 공방을 벌인 곳이다. 조선시대에는 주요 도로에 공문의 전달, 관물 운반과 숙박 등을 위한 역을 설치하였는데 지금의 수동면 화산리에 사근역 등이 있었다 한다. 이처럼 교통의 중요성이야 예나 지금이나 마찬가지로 인식되나 요즘이야 국도, 지방도, 시군도, 기타 도로들이 잘 뚫려 있어서 철도에 대한 중요성을 그렇게 느끼지 못하여 온 것이 사실이다.

이번에 함양군이 추진하고 있는 대전 간의 철도는 최근의 국제 에너지 값의 상승, 특히 기름 한 방울 나지 않는 우리나라에서 교통 운송의 에너지 효율성에서 본다면 획기적인 시도라 할 수 있다. 한국개발연구원의 발표에 의하면 철도의 에너지 소모량을 1로 할 때 버스가 5.5 택시가 15.7 도로화물이 15.8이 된다면서 국내 총 에너지 소비량의 20% 가량을 수송 분야가 차지하는데 4분의 3을 도로 부문이 차지하고 철도 부문은 1.7% 정도에 불과하다 한다. 에너지 효율 외에 안전성, 환경오염 관련 등 철도의 좋은 점이야 말할 수 없이 많다. KTX가 고속철 시대를 열면서 이제 철도는 새로운 수송수단으로 떠오르고 있다.

이처럼 오늘날 주목을 받는 철도를 함양지역에 건설하려는 계획이 60여 년 전 일제시대에도 시도된 적이 있었다. 일제에 의해 진주까지 철도가 개설된 후 그들이 시도한 함양을 거쳐 김천, 대전을 연결하는 철도공사의 흔적이 진주시 이현동 옛 국도변에서 시작하여, 산청군과 함양군 서상면 금당리 일부 등에서 발견되기도 하였다.

먼 장래에는 거제에서 함양을 거쳐 서울까지 가는 열차가 시베리아 횡단철도TSR를 타고 동북아시아나 유럽을 달린다는 생각을 해보면 동북아 경제의 요충지에 함양이 자리 잡게 된다는 뿌듯한 희망을 감출 수 없다.

밀레니엄 첫해에 김재철 회장께서 쓴 『지도를 거꾸로 보면 한국의 미래가 보인다』(김영사 출판)를 읽고 무척 감명을 받았던 적이 있다. 위에서 말한 철도를 거꾸로 운행해 보면 유럽EU과 동북아시아의 물류가 서울과 함양을 거쳐 거제와 부산 등지의 항구로 갈 수 있는 시대가 오리라는 점을 알 수가 있다. 이 책을 보면 부산과 목포항을 대륙에서 해양으로 나가는 길로 예시하였으나 새로운 길로 함양과 거제를 잇는 철도를 추가할 필요가 있을 것이다.

길이란 어느 곳으로 가느냐가 중요한 것이 아니고 옛날 로마제국의 도로처럼 어느 쪽으로 보아도 로마로 통하는 사통팔달의 길이어야 한다고 생각한다. 함양을 통과하는 각종 도로에다 철도까지 온다면 사회 기반시설의 하드 인프라인 교통수단이 잘 갖추어진 고장으로 발전할 것이다.

일본 여류작가 시오노 나나미가 지은 『로마인 이야기』 중 10권 「모든 길은 로마로 통한다」를 읽어보면 그들은 도로망을 인간의 혈관처럼 여겨서 혈관을 통해 온몸의 구석구석까지 혈액을 보내야만 살아갈 수 있다는 점을 국가의 건강한 삶에도 도입하였다고 말한다. 1200년에 이르는 장구한 기간 동안 무려 8만km의 포장된 간선도로와 자갈로 포장된 7만km의 지선을 만들어 거대한 로마제국이라는 몸의 구석구석까지 혈맥을 형성한 사실은 로마제국을 장수하게 한 원인으로 꼽을 수 있을 것이다.

또한 시오노 나나미는 기원전 거의 동일한 시기에 이루어진 두

가지 대역사를 이렇게 비교하였다. 중국과 로마는 한쪽은 만리장성이라는 방벽을 건설하였고 한쪽은 가도를 건설하였다. 고대 중국에 가도가 없었던 것도 아니고 같은 시대의 로마에 방벽이 없었던 것도 아니나 중점을 둔 것이 다를 뿐이다.

국가를 지키는 방법에 있어서 방벽은 사람의 왕래를 차단하지만 가도는 사람의 왕래를 촉진한다. 로마인들은 동시대의 중국인처럼 산과 골짜기를 넘어 끝없이 이어지는 긴 방벽 즉 만리장성을 쌓지 않고 그보다 10배나 20배가 더 긴 도로를 뚫는 쪽을 선택했다. 그들은 가도를 동맥으로 생각했던 것이다. 오늘날 문명병으로 가장 위험한 동맥경화증은 이로 인해 많은 합병증을 유발하는데 한 나라의 흥망성쇠와 사람의 건강도 잘 뚫린 동맥에 있다고 하여도 과언이 아닐 것이다.

앞으로 함양지역은 울산 간 고속도로 외에도 언젠가는 동북아를 이어갈 철도가 건설될 전망이다. 그러나 넘어야 할 산은 한두 가지가 아닐 것이다. 길을 낸다는 것은 그 목적보다도 더 어려운 일들이 많이 있을 수 있다. 자연환경의 보존과 농토의 유지, 그리고 주민생활의 안정 등 부정적인 요소도 엄청나게 많을 것이다.

다만, 이러한 부분도 함께 짚고 넘어가야 할 필요가 있지 않을까 생각한다. 우리나라의 근대화 시기에 새로운 길을 낼 때마다 양반들이 사는 곳은 쉽사리 하기가 어려웠다 한다. 오늘날도 민원으로 인하여 길 내는 것이 그렇게 쉽지만 않은 일이지만, 함양을 통하는 모든 길이 지역을 지키는 방벽보다 혈액을 운반하는 혈관으로서, 지역 사람 모두의 마음을 통하는 가도로서의 역할을 다할 수 있도록 이해와 협조가 우선되어야 할 것 같다.

칼럼
Column

노랑 신문

우리들은 항간에 떠도는 해괴한 소문을 들었을 때, 종종 노랑신문에 난 기사라는 말을 한다. 노랑신문yellow paper은 1830년대에 미국에서 시작된 것으로 노골적인 사진과 흥미 있는 기사 등을 게재하여 독자의 감각을 자극함으로써 발행 부수를 늘였던 신문을 총칭한다.

노랑신문의 어원은 미국 『월드』지가 일요판에 황색 옷을 입은 소년을 주인공으로 한 만화를 게재한데서 나왔다. 이 만화가 인기를 얻자 『저널』지가 만화 그리는 사람을 가로채어 연재함에 따라 두 신문사가 황색 옷 만화를 가지고 집필 경쟁을 벌인 것이다.

노랑신문은 정치, 경제, 사회, 과학 등 인간생활의 모든 방면을 소재로 선정화하고, 사람의 감정, 호기심을 자극하는 새로운 소재를 취급하기도 하며, 뉴스를 보도한다기보다는 만드는 인상마저 주었다. 때문에 독자들은 이러한 신문에 식상하고 오늘날의 타임즈와 같은 지적인 신문들이 인기를 얻게 되었던 것이다.

그래서 우리 사회에서는 항간의 헛소문을 노랑신문에 난 기사쯤으로 취급하고 대수롭지 않게 여기고 있다. 반면 허무맹랑한 소문에 대하여 여러 가지 해명을 하든가 극구 부정하는 경우에 오히려 진실로 오인될 소지가 있다.

지난 3월 27일 경상남도 도민홀에서 돼지고기 소비 촉진을 위한 요리 강습회와 시식회가 있었다. 800여 명의 관계자들이 참석한 강습회는 여느 때와는 달리 묘한 분위기가 형성되어 있었다. 한 공영방송에서 재미교포 이 박사가 발표한 건강학을 놓고 설왕설래하고 있었던 것이다. 축산업에 관련이 있는 사람들은 공영방송이 그럴 수 있느냐며 이구동성으로 불만을 표시했다. 요리를 담당하는 영양사와 집단 급식 책임자들은 반신반의하는 표정이었다. 강습회장 복도에 랩을 덮어 진열된 돼지고기 요리를 무심히 지나치는 것이었다. 그러나 요리강의가 끝나고 시식을 하면서 그들은 이 박사의 쾌변을 잊고 다양하고 맛있는 돼지고기 요리에 연방 탄성을 질렀다.

이들 중에 제과점을 운영하면서 공단의 집단 급식소에서 조리사 일을 하는 분이 있었다. 그는 밀가루를 원료로 만드는 빵만큼이나 돼지고기로 만든 요리가 다양하고 맛이 좋다고 하였다. TV에 나온 이 박사의 건강론을 듣고 돼지고기에 대하여 은근히 기피하고 있었는데 강습회와 시식회를 통하여 이제는 안심하고 종업원들에게 돼지고기 요리를 해줄 수 있다며 기뻐했다.

또한 우리나라 사람들보다 돼지고기를 더 많이 먹는 중국 사람들이 심장병이나 고혈압으로 단명한다는 소리를 들어본 적이 없지 않느냐는 말을 자신 있게 하는 것이었다. 우리 축산업계가 하여야 할 일이란 이상구 씨의 건강학 따위에 불만을 표시하기보다 더 많은 돼지고기 요리 강습회들을 개최하여 소비자의 인식을 바꾸는 일이다. 노랑신문에 난 기사를 가지고 왈가왈부하면 그것이 진짜로 오인될 우려가 있음을 알아야 한다.

역치閾値

생리학에 역치threshold라는 용어가 있다. 역치란 사람이 감각할 수 있는 자극의 최소량이며 역치 이상의 자극이 있어야 감각을 느낄 수 있다. 그러나 자극이 어느 범위를 벗어나서 지나치게 크든가 혹은 정상 기능 유지에 적당하지 못할 때에는 항정상태 유지에 파탄이 와서 마비 또는 완전한 기능 정지에 이른다.

양돈 불황을 예고해 온 지가 벌써 3년쯤 경과하고 있다. 지금까지는 불황에 대한 홍보가 역치 이상의 자극으로서 양돈업계에 긴장과 흥분작용을 하였다. 때문인지 올 듯 말 듯하던 양돈 불황은 마른장마처럼 지나가고 양돈 경기는 그럭저럭 괜찮은 편이었다.

그런데 금년 하반기에 들어서자 불안한 가운데서도 지속되던 양돈 경기가 차츰 하락세를 시작하고 있다. 85년 하반기부터 올 것 같았던 양돈 불황은 양돈인 모두가 걱정을 하고 대비한 결과로 정부나 양돈인 등의 예측과는 달리 의외로 호경기가 길어졌다. 이러한 사실은 무언지 꼬집어서 그 원인을 알지 못하겠지만 반면에 다가올 불황은 골이 깊고 길어질 것이라는 예견을 하게 한다.

몇 가지 징조로 계속적인 사육 두수의 증가와 미국의 가뭄 등을 들 수 있다. 사육 두수의 증가 이면에는 85년 이후 양돈업계에 축적된 자본이 일부 기존 양돈업체에게는 불황을 극복할 자신감을 길러주어 사육 두수를 증가케 한 원인이 되었을 것이라는 점이다.

사육 두수가 많을수록 경영비가 적게 든다는 생각이다. 여기에 불황 시에 양돈을 시작하면 된다는 투기 심리도 작용한다. 다음으로 미국의 중서부 곡창지대를 휩쓸고 있는 가뭄이 사료 곡물의 수확량을 격감시킬 전망이라는 외신보도이다.

축산물 생산비의 60%를 배합 사료비가 차지하고 배합사료의 원료를 60%나 수입하는 우리나라의 실정에선 앞으로 이를 예사로는 못 볼 것이다. 뿐만 아니라 축산물의 수입 개방에 따른 불안감도 좌시할 수 없는 사안이다.

어떤 양돈인은 어차피 올 불황이라면 치르고 지났으면 좋겠다는 말을 한다. 그렇지만 불황은 반드시 겪어야 할 홍역과 같은 것이 아니다. 양돈 경영의 내실화와 모두의 단합된 힘으로 슬기롭게 극복하여야 할 크나큰 과제일 뿐이다. 양돈 불황에 대한 역치 이상의 자극이 지속되어 양돈업계가 마비나 무감각의 상태까지 도달해서는 안 될 것이다. 모든 축산분야에 종사하는 사람들이 지혜를 결집하여 축산업을 보호 발전시킬 수 있는 제도적인 장치를 마련하고 능률적으로 가동할 경우 불황을 극복할 길이 보일 것이다.

'활이란 언제나 당긴 상태로 두면 부러지게 되고 인간도 마찬가지다' 역치란 감각을 느낄 수 있는 최소 자극이다. 그렇다고 역치 이하에선 자극 자체가 소멸된다는 것이 아니다. 국소반응도 있을 법하다. 단지 활시위처럼 언제나 당긴 상태, 항정 상태를 벗어날 만큼 팽팽하게 다가오는 양돈 불황에 대한 걱정이 활을 부러뜨리거나 우리의 감각을 마비시키는 일만은 없어야지 않겠는가 생각한다.

자정自淨작용

인간생활에서나 모든 생물의 생활에 있어서 물은 불가분의 관계를 지니고 있다.

인간이 건강을 유지하려면 하루에 2~3ℓ의 물을 필요로 한다. 가축은 작은 동물이 8~12ℓ, 큰 동물은 40~50ℓ의 물을 섭취한다. 양곡을 1톤 생산하는데는 1천톤의 물이 소요되고, 철강 생산 1톤당 150톤의 물이 소비된다고 한다. 이처럼 중요한 물을 우리는 공기처럼 예사로 느끼며 살아간다.

물이 없는 세상은 생각조차 할 수 없는 일이다. 하지만 인간의 생활에 활용 가능한 지구상의 물은 약 1% 정도에 지나지 않는다. 지구상의 물의 총량은 약 13억 8천만㎦으로서 97.5%가 바닷물이고 만년설이 1.8%, 지하수가 약 0.7% 순이다.

우리는 보통 물을 쓴다거나 소비한다고 말한다. 그러나 엄밀히 따져보면 자연에 의한 물의 순환으로 지구 전체의 물의 증감은 없고 다만 오염을 시킬 뿐이다. 물이 폐수나 기타 유기물 등에 의하여 오염되면 자정작용이라는 일련의 변화과정을 거치게 된다.

이러한 변화는 하수나 오수의 유입 전 상태와 비슷하게 휘플whipple은 자정작용의 변화상태를 4가지 지대로 구분했다. 먼저 하천에 오염물질이 유입되어 미생물에 의하여 분해되는 '분해지대' 둘째, 분해가 진행되다가 부패상태에 도달하여 물이 썩는 '활발한 분해지대' 셋째, 수질이 점점 좋아지는 '회복지대' 마지막으로 마치 오염되지 않은 자연수처럼 보이게 되는 '정수지대' 이다.

저수지나 호수에도 자정작용이 있다. 저수지나 호수는 물이 흐르지 않는 관계로 성층현상이 있어 봄과 가을에 수직운동으로 자정작용을 한다. 이러한 하천과 호수의 자정작용도 오염물질이 계속하여 과량 유입되어 자정능력을 초과하게 되면 수질이 악화되어 혐기성 분해상태 즉, '활발한 분해지대' 가 지속되며 썩은 달걀냄새가 나고 흑색 및 점액질의 침전물이 흐르는 죽은 하천으로 변하게 된다.

환경청에서는 가축의 사육으로 인하여 하천이 오염되지 않도록 일정 규모의 축산 시설에 대하여 축산폐수정화시설의 설치를 폐기물 관리법에 규정하고 축산폐수정화시설의 표준설계도서를 지난

7월에 발표했다.

폐기물 관리법과 시행규칙이 공포된 후부터 표준설계도서가 나오기까지 축산분야는 막연히 환경청의 처분만 기다려왔고 축산농가 역시 어떤 시설을 어떻게 설치하고 또 규제는 어떤 방향에서 시행될 것인가 궁금한 가운데 1년이 흘렀다.

이제 환경청에서 고맙게도 축산폐수정화시설의 표준설계 도서를 만들어 축산농가에서 활용할 수 있도록 시군, 읍면 단위까지 공급한 이상 축산폐수정화시설 설치 대상 농가에서는 이를 설치하고 물을 오염시키지 않도록 노력하여야 된다. 그런데 약간 꺼림칙한 사실은 폐기물 관리법 시행령안이 입법 예고되었을 때 축산농가의 부담을 경감시키기 위하여 당초 시안보다 규제 대상 규모를 완화하려고 힘을 쓴 일이다.

규모가 큰 시설에서 폐수를 정화시켜 배출함은 당연하다. 그렇다고 시설의 규모가 작은 축산시설에서는 폐수를 그대로 내보내도 된다는 것은 아니다. 하천의 자정작용을 돕는데는 축산시설의 규모가 그 요인이 되지는 않는다. 규모의 대소를 막론하고 하천이 자정작용으로 휘플의 '정수지대' 까지 도달할 수 있도록 폐수를 정화해서 방류하여야 될 것이다.

축산폐수정화시설 표준설계도서를 보면서 가뜩이나 축산여건이 어려운데, 축산농가의 걱정거리가 더 늘었구나 하는 생각을 한다.

지방자치와 축산인

최근 축산인들에게 지방자치시대에 거는 기대와 희망을 느낄 수 있다.

축산인들이 이처럼 기대와 희망을 갖고 있는 이면에는 이제 우리나라의 축산도 농촌경제에서 중요한 위치를 차지할 뿐만 아니라 지역사회의 발전을 위해 축산인들이 대표자로서 그 역할을 충분히 해낼 수 있다는 자긍심이 있기 때문이라고 본다.

이와 같은 현상은 많은 축산인들이 지방의회에 진출하여 축산농가를 대변하기를 바라는 모든 축산인들의 간절한 소망을 나타내는 척도로 생각할 수도 있다.

일반적으로 지방자치를 말할 때에는 일정한 구역을 기초로 하는 지방단체가 주민의 의사에 따라서 주민들의 복리증진을 목적으로 대표를 선출하거나 또는 주민들이 스스로 참여하기도 하여 주민들이 행하는 자치를 말한다.

그러나 축산인들이 기대하고 희망하는 지방자치가 축산인만이 환영하는 지방자치가 되어서는 아니 될 것이다. 축산인들이 지방자치에 참여할 때에는 지역사회의 모든 주민이 잘살 수 있는 사회를 만드는데 노력하여야 한다는 사실을 인식하여야 할 것이다.

이 점을 염두에 두고 축산인을 대변하는 대표로서 지방회의에 진출할 때 많은 사람이 성공적으로 원하는 목표를 달성하리라 믿는다.

탈무드에 이런 이야기가 있다.

뱀의 꼬리는 항시 머리의 뒤를 따라다니는데 불만을 가지고 있었다. 그래서 어느 날 꼬리는 머리를 보고 말했다.

"너와 나는 같은 몸이면서 왜 나를 노예처럼 끌고 다니느냐?"

듣고 있던 머리가 대답했다.

"바보 같은 소리! 너는 앞을 보는 눈이 없고 소리를 들을 귀가 없으며 행동을 결정하는 두뇌가 없잖니. 나는 절대로 나 자신을 위해서가 아니라 너와 몸을 위하여 항상 너를 끌고 다니는 것이야."

머리의 이 말에 꼬리는 비웃었다.

"그런 변명은 수없이 들었어. 어떤 폭군이나 독재자들도 모두 추종자들을 위한다는 구실로 멋대로 행동하거든."

그래서 머리는 꼬리에게 역할을 맡겼는데…….

꼬리는 머리의 역할을 맡고 나서 얼마 움직이지 못하여 도랑에 빠지고 가시덤불 속에 들어갔다가 머리의 도움으로 간신히 그것도 상처 투성이가 다 되어 빠져나왔다.

그럼에도 꼬리는 계속하여 앞장을 서서 가다가 불 속으로 들어가고 말았다. 불길에 싸여 사태가 다급해진 꼬리가 필사적으로 머리에게 구출을 요청했지만 머리는 결국 꼬리 때문에 불에 타죽고 말았다.

탈무드는 대표자를 선택할 때에 머리와 같은 인물을 선택하라는 교훈을 후세에 전한다.

지방자치시대를 맞이하여 우리 축산인들은 탈무드의 지혜를 빌려 올바르게 대표자를 선택하고 축산경영으로 얻은 풍부한 경험을 바탕으로 지역사회 발전과 축산의 발전에 이바지할 것을 믿어 의심하지 않는다.

축혼비 畜魂碑

부설 도축장을 준공한 육가공업체에서 축혼비를 건립했는데 제례절차를 알려달라는 요청이 있었다.

농과대학을 입학하면서부터 또 축산업무에 종사하면서 축혼비나 수혼비를 여러 번 보았고 제례에 참석한 적이 있었으나 막상 절차를 쓰려 하니 어떻게 써야 할지 무척 난감하였다.

학계와 관련기관에 문의하고 도서관을 뒤져서 대충 절차를 완성했더니 〈개회, 분향, 초헌 "삼가 축령들에게 위문하나이다"로 시작되는 제문낭독, 아헌, 종헌, 음복, 폐회〉의 절차였다. 축산분야에서 축(수)혼비를 건립하여 제례를 지내기는 하지만 사실은 정하여진 규범과 격식이 갖추어지지 않은 관계로 이 업체에선 지금도

위의 제례 절차대로 시행하고 있다 한다.

축(수)혼비의 역사는 그렇게 오래되지 않았을 것이다. 오늘날 이러한 제례를 갖는 곳은 축산(수의)학과가 있는 학교와 시험기관 및 도축장 등이다.

동서양을 막론하고 가축을 사육한 이래 대부분의 가축은 제물로서 이용되고 고기는 식용으로, 껍질과 기름 등은 보온용과 다른 목적에서 사람들에게 이용되었을 뿐이었다.

우리나라에서 가축에 대한 제사를 지낸 경우는 고려 태조 때 마조단馬祖壇이라는 말의 조상을 제사 지내는 곳을 만들어 중추의 길일에 제사를 지낸 적이 있었고, 조선 말 갑오경장(1894) 때 마조단이 폐지된 기록이 있는 정도였다.

특히 돼지는 소나 말처럼 군사나 농경에 직접 사용되지 않았던 관계로 제수용으로 많이 사용되어 왔다.

그러나 가축이 대량 사육되면서 학계와 시험소 등지에서는 실험 · 실습용으로, 도축장에서는 식용으로 잡는 숫자가 늘어남에 따라 토착된 불교문화의 영향을 받아 축령을 위로하기에 이른 것으로 보인다. 한데 여기에서 제물로 이용되는 가축이 주로 돼지여서 이러나저러나 돼지 신세는 사람을 위하여 죽으나 사나 헌신을 한다. 덕분에 양돈인들은 생계를 이루고…….

당나라의 시성 두보杜甫는 자신의 말이 늙고 병들어 죽게 되자 이렇게 시를 지었다.

너를 탄 지 너무 오래다.

풍진 속에 늙고 힘이 지쳐서 병이 드니

비록 미천한 동물이지만

뜻은 얕지 않아

감격에 못 이겨

깊이 한탄하고

시를 지어 읊노라.

돼지를 말에다 비유하면 격이 다르겠지만 우리 양돈인을 위하여 국민체력 향상을 위하여 끝까지 헌신하는 돼지가 두보의 말에 비하여 결코 모자란 가축은 아니라고 생각된다. 어차피 양돈을 하는 사람에게는 돼지가 중할 게 뻔한 일이 아니겠는가.

돼지값 파동에다 각종 전염병 여기에 설상가상으로 덮친 오제스키병, 돈육제품의 수입 등이 양돈인의 마음을 암울하게 한다. 어려운 시점, 자칫 도산할 우려가 있는 이런 때일수록 우리들의 돼지에 대하여 더욱더 아끼고 정성 들여 보살펴서 비록 미천한 동물이나마 병 없이 튼튼하게 잘 자라 좋은 가격을 받도록 하여야 하겠다. 이 길이 양돈인들이 사는 길이 아니겠는가 싶다.

수입 쇠고기와 곰탕

기원전 그리스와 페르시아가 패권을 다투고 있을 때, 오늘날 흑해 서쪽의 루마니아, 불가리아 지역에 스키타이라는 나라가 있었다. 이 나라는 목축을 하는 관계로 땔감이 아주 부족하였다. 고기를 삶아 먹으려면 나무 대신에 잡은 가축의 뼈를 태워 그 불로 삶았다. 또한 솥이 없을 경우에는 가축의 위낭에 고기를 채워 물을 부은 다음에 뼈를 태워서 삶았는데 뼈는 매우 잘 타고 불담이 좋았다 한다. 따라서 초원지대에 살았던 고대 스키타이인들은 뼈를 푹 고와서 먹는 곰탕이나 설렁탕을 만드는 방법을 상상조차 못하였을 것이다.

미국 무역대표부의 칼라힐스 대표가 2박 3일의 방한 일정을 마치고 떠난 뒤 우리나라의 축산업계에서는 무척이나 단단하고, 차가웠던 그녀의 인상과 함께 정해진 시한 내에 쇠고기 수입 개방을 않을 시는 공산품의 수입을 제한하는 등 무역 보복을 하겠다고 역설한 점이 가장 기억에 남는다.

그녀가 요구했던 쇠고기 수입개방 문제는 언뜻 보면 미국의 축산업계를 도우려는 뜻에서 시도된 일 같지만, 한국의 공산품이 아무리 많이 팔려도 그들의 축산업계를 비늘 하나 건드리지 않는다는 것을 모르는 사람은 없다. 이는 공산품에 깨어진 분풀이를 체급이 좋은 축산물로써 갚아보겠다는 의도로 간주된다.

그런데 답답한 일은 힐스 대표는 우리의 육류 소비문화를 깊이 모른다는 점이다. 우리는 서양 사람들처럼 고기를 그렇게 많이 먹어온 사람들이 아니다. 무한정 팔아먹으면, 무한정 먹어줄 입장이 안된다. 다만, 소를 잡아 뼈까지 먹어치우는 점은 서양 사람들과 틀리다. 땔감이 없는 스키타이인들은 가축의 뼈를 화력으로 이용하였으므로 뼈를 먹는다는 것은 상상도 못했을 것이고, 지금도 뼈를 고와 먹는 나라는 드물다. 아마 힐스 대표도 쇠뼈를 고아 먹는 방법을 모를 것이다.

쇠뼈부터 꼬리까지 한 점도 남지 않게 요리하여 먹어 온 사실을 그녀는 너무 모르는 나머지 자꾸 우리의 육보만 늘이도록 주장한다. 온 나라 사람들이 곰탕이나 설렁탕을 즐기기 시작하면 국민 1인당 육류 소비량 즉, 육보가 자연히 감소될 터인데, 쇠고기를 더 팔려는 생각은 욕심이 과하여 무리한 수를 둔 것 같다.

그런데 정작 문제는 우리의 입에 있다. 옛날부터 명절에나 한 번쯤 먹어 보았던 쇠고기가 70년대 말 무한정 수입된 쇠고기 덕분에 전골, 불고기찜, 쇠고기국 이런 것들로는 성이 차지 않아 상추로 쇠고기를 싸먹게 된 것이다. 보리밥에 된장을 찍어 먹던 상추쌈이 졸지에 '고기 + 상추쌈' 이라는 기상천외한 문화로 정착되었다.

힐스, 그녀가 이 사실을 알았다는 가정을 해 본다. 또, 우리 경제가 조금만 남아도 주체를 못하는 정서불안 증세가 있다는 사실까지 안다고 생각하면 유구무언이 될 수밖에 없다.

그래서 곰곰이 생각해 보니, 곰탕이나 설렁탕을 그녀가 방한 중에 대접했더라면 과연 쇠고기 수입 개방을 강요할 판단이 섰을까 궁금하다.

가축통계 조사와 레이더

2차 세계대전 중 도요다(豊田)의 일본 해군 연합함대는 미국의 필리핀 진공을 저지하기 위하여 레이테만에서 해전을 벌인다. 이 해전에서 일본 해군은 세계 최대의 전함 무사시를 위시하여 투입 함정의 절반을 잃고 괴멸한다.

일본 해군의 패인이 여러 가지 있었으나 레이더 장치가 적의 것보다 뒤떨어졌기 때문에 뜻대로 적을 찾아낼 수 없었을 뿐만 아니라 교전하는 적의 숫자조차 파악하지 못한데도 그 원인이 있었다. 반면에 미국은 레이더를 사용하여 먼저 적의 위치와 숫자를 정확하게 파악하고 표적을 공격하게 되어 승리할 수 있었다.

최근 축산동향을 보면 목표를 종잡기가 어렵다. 불과 몇해 전에만 하여도 소값 회복과 돼지값 안정 시책을 추진했는데 요사이는 수입 쇠고기 판매와 수송아지 입식 자제를 홍보하며, 돼지고기 소비 촉진과 사육 억제 홍보를 계속하는 실정이다.

소 사육 두수는 줄고 돼지는 계속 늘어나서 축산시책은 중심 잡기에 고심을 하는 모양이다. 축산시책을 결정하는 가장 큰 요인은 무엇보다도 가축통계이다. 우리나라에서 사육되는 가축의 두수를 확실히 파악하는 일은 전쟁에서 적의 숫자와 위치를 파악하는 일만큼 중요하다. 따라서 가축통계조사는 축산시책에 있어서 레이더와 같은 역할을 한다. 레이더의 역할이 부실하여 일본 해군이 괴멸한 것과 지난날 가축사육실태 파악이 정확하지 못해 시행착오를 범한 축산시책을 비교하면 열일을 제치고 무엇을 해야 하는가 감잡을 수 있다.

현재 가축통계조사는 농림수산부 통계와 행정통계로 이원화되어 있다. 농림수산부 통계사무소를 통한 조사는 전수 및 표본조사를 병행하고, 행정통계는 시군 및 읍면을 통해 전 두수 조사를 실시한다. 그런데 여기서 문제가 발생한다.

첫째, 동일시기의 조사가 서로 유사하지 않고, 둘째, 농림수산부 통계는 시군별 읍면별 집계가 발표되지 않는 점이다.

전두수 조사와 표본조사 그리고 조사시기 등의 차이로 오차는 있을 것이다. 그러나 두 조사가 유사하지 않다는 것은 통계의 신뢰도를 저하시키는 원인이 될 수 있다. 또한 시군 및 읍면 합계가 없는 농림수산부 통계는 사실상 각 시도에선 대외적인 업무에 이용될 뿐이고 자체업무에는 행정 통계를 활용한다. 이것이 문제다.

근래에 축산시책의 중요한 고비마다 별도로 가축통계조사를 실시하는 경우가 있었다. 이는 축산이라는 기반이 표본조사로는 정확성이 부족하고, 축산의 패턴 역시 불규칙한 관계로 표본조사의 기준을 정하기가 어렵다는 판단에서 이루어지는 일로 생각된다. 그렇지만 언젠가 별도의 조사를 실시할 필요가 있을 경우를 대비한다면 지금쯤 과감한 방법전환을 모색하여야 한다.

돼지 두수는 사료판매량 더하기 알파하면 된다는 추정도 있다. 그렇지만 언젠가 또 별도의 조사를 실시할 필요가 대두될 경우를 예상한다면 지금쯤 과감한 인식의 전환이 요청된다.

수십 년간 지속하여 온 통계조사이나 행정업무의 효율성 제고를 위해 농림수산부 통계로 일원화함이 바람직하다. 어려움이 많더라도 행정조직과 합동으로 전 두수를 조사하는 방안을 강구하고 시군 및 읍면별 조사내역을 발표함으로써 축산 부서 모두가 동일한 수치를 가지고 일관성 있게 시책을 펼 수 있도록 개선되어야 한다. 첨단과학기술이 발달한 이 시대에 레이더의 필요성을 묻는 사람은 없을 것이다.

옐로카드

미국의 파버 비렌이라는 사람이 쓴 『색채 심리학』 책을 보면, 사람들이 감각하고 있는 색채에 대한 직접적인 연상을 분류해 놓은 대목이 있다. 빨간색은 위험, 흰색은 순결, 파란색은 봉사, 노랑색은 주의 등으로 나누고 있는데, 이 색들 중에 노랑색은 주의 효과를 이용하여 도로의 안전표시나 어린이의 비옷 등에 많이 쓰이고, 축구장에서 반칙을 범한 선수에게 경고용으로 옐로카드를 제시하기도 한다.

오래 전 국제적으로 여권에 천연두 발생상황을 기재한 노랑색 카드를 첨부한 적이 있었다. 천연두(마마)로 인한 인류의 피해를 막기 위하여 노랑색은 주의와 동시에 국가적인 수치로 작용되었던 것이다. 근간에는 천연두뿐만 아니라 광견병도 우리나라에서 발생되지 않는다. 천연두나 광견병과 같은 병원체는 너무 심하게 증식을 하여 감염을 받은 숙주에게 치명적인 피해를 준다. 때문에 병원체 자신조차 거처를 잃고 사멸하게 되며, 숙주들이 살아남기 위해 저항력을 기르는 통에 더 이상 증식할 자리마저 잃는 것이다. 우리는 이런 질병의 병원체를 가리켜 원시상태라고 한다. 반면 적정선에서 증식하여 숙주도 살고 병원체도 함께 사는 경우에는 진화된 상태로 분류한다(물론 이 질병들은 방역에 많은 어려움이 있다).

최근 돼지값의 하락은 과거 79년과 83년의 사례처럼 단순히 과잉 사육만이 아닌 것은 확실하다. 쇠고기와 통조림 등의 수입이 돈육의 소비를 위축시킨 점을 부인할 사람은 없으리라. 그러나 무엇보다 큰 원인은 과잉 증식된 돼지의 마리수에 있다는 현실을 간과하여서는 안된다. 축산물의 수입개방 압력이 가중되고 축산폐수까지 양돈농가의 머리를 아프게 하는 이때, 설상가상 돼지값까지 떨어지고 있으니 자칫 79년도의 악몽이 재현될까봐 걱정이다.

이런 시점에서 때가 때인만큼 항간에는 갖가지 대책들이 요란하다. 돼재 수매 물량을 늘이고, 수입육의 방출 중단과 통조림 수입 규제, 그리고 모돈 감축과 수출 촉진 및 돈육 소비 축진 등 공론이 무성하다. 모두가 일리가 있고 좋은 방안이다. 하지만 조금만 생각해 보자. 돼지의 수매 물량은 고사하고 수매된 돈육이 어디 멀리 가는가. 좁은 국토 내에 있는 한 국내의 돼지 두수에 포함될 수

밖에 없다. 수입육 방출 중단과 돈육 통조림 수입 규제도 좋은 대책이나 언제까지 지속할 수 있을는지 의문이다. 모돈 감축 역시 마찬가지다. 누가 자의든 타의든 간에 총대를 맬까 궁금하다. 그렇다면 최상의 방법은 나라 밖으로 돼지를 내보내는 길인데 과잉 생산된 두수만큼 수출이 가능해야만 돼지값 안정에 도움이 될 것이다.

다행히 축산관측협의회에서는 내년 봄에는 돼지값이 회복된다는 예측을 하는 모양이다만, 이 와중에서도 돼지 두수를 더 늘이려고 작정을 하거나 지금까지 엄청나게 증식하여 온 사람들이 자성을 하기 전에는 잘 될까 의문이 든다. 예컨대, 양돈업계 전체가 살아남으려면, 덜 진화된 방법으로 증식만을 추구하는 사람들에게 옐로카드를 보내주어야 마땅한 방편이 될 것이다.

진퇴양난

서양 속담에 진퇴양난을 뜻하는 말로 '스킬라와 카립디스' 가 있다.

희랍 신화에서 등장하는 '스킬라와 카립디스' 는 거대한 목마를 만들어서 트로이를 함락시킨 율리시스(오디세우스)가 귀국하는 길에 만나는 수많은 난관 중에 하나이다. 트로이 전쟁에 출정한 희랍의 무장 사이에서 제일 강한 용사는 우리들에게는 아킬레스 건腱 즉, 발 뒤꿈치가 약한 것으로 알려진 아킬레스이지만, 지장智將은 율리시스이다. 아킬레스가 죽고 난 다음 희랍 최고의 영웅으로 평가된 율리시스는 뱀 모양의 여러 가지 머리를 가진 스킬라와 바다의 소용돌이 카립디스를 만나 속수무책 당하고 만다. 때문에 서양에선 신화의 영향으로 '스킬라와 카립디스' 하면, 사람의 앞길을 가로막는 진퇴양난을 의미하는 속담으로 사용된다고 한다.

얼마 전 국회 농림수산위원회와 농림수산부에서 수의사도 동물약품을 취급, 판매할 수 있도록 하는 약사법 개정안을 국회에 제출한 적이 있었다. 동물약품 판매제도의 모순점을 축산인이면 모르는 사람이 없을 터이나, 이 점을 시정하는 과정에 닥칠 수많은 난관을 미처 다 예상하지 못했다는 생각이 든다.

약사법 개정을 요구하는 축산 분야는 눈에 빤히 보이는 모순을 들어 이를 시정하고자 한다. 그런데 축산 분야에서 그토록 타당하고 옳은 일들이 무슨 사유인지 시정이 되지 않고 혹시 폐기되는 게 아닌가 하는 걱정이 된다. 거기다가 우연한 연관이 있는지도 모르지만 이번에는 보사부 측에서 육가공장의 식품위생 관리인을 수의사가 아닌 다른 사람도 할 수 있도록 하는 식품위생법 시행령 개정 작업을 추진하여 농림수산부와 신경전을 벌이는 모양이다.

솔직히 말한다면 축산 분야에서 우유 및 유가공품의 관리가 떠나갈 적에 그것은 농축산물의 관리제도 개선이 목적이고, 또한, 식품위생 관리인을 수의사로 계속 두게 하여 축산물의 위생적인 관리가 가능토록 관계 법령도 개정됨에 따라 축산 분야에서는 축산물의 마지막 처리 단계를 관리하는 일이 떠나가도 무감각하였을 뿐이었다. 하지만 4년이 지난 지금 단순 포장육을 가공하는 육가공장에는 수의사가 필요없다는 주장을 한다니 이를 어떻게 해석할지 난감하다. 엄밀히 보면 축산식품의 관리는 국민 보건위생 차원에서 더욱더 강화되어야 마땅할 것이다. 그럼에도 불구하고 굳이 관련 법령을 개정하여 축산식품의 관리를 약화하려는 저의는 앞으로 축산물 유통 전반에 위해를 가할 것만 같아 걱정이다.

축산물 수입 개방의 냉혹한 현실 속에서 살아남기 위하여 애쓰는 축산업계에 암초처럼 도사리고 있는 동물약품 판매 문제와 축산식품의 관리를 둘러싼 어려움은 축산업계를 진퇴양난의 길로 몰아갈지도 모른다.

주춧돌과 기둥

지난달까지만 하여도 하락세를 보이던 돼지 시세가 연말이 되면서 오름세를 타고 있다. 이유인즉 동절기 돼지고기 성수기와 겹쳐 쇠고기 값이 오르니까 자연히 돼지고기 소비가 늘어났기 때문이다.

하지만 쇠고기 값이 언젠가는 내린다는 가정을 할 적에 사육두수가 늘어난 돼지의 가격이 오르는 이상한 추세가 계속될지 의문이다.

이처럼 쇠고기와 돼지고기의 상호 대체작용이 활발하게 이루어지는 사실은 이제 우리나라의 소비자들이 육류를 선택하는 폭이 무척 넓어졌다는 것을 여실히 증명한다. 따라서 돼지고기와 쇠고기의 소비는 서로 영향을 주면서 생축가격에 지대한 역할을 하는 요건임을 알 수 있다.

쇠고기 소비에 있어서 최근에 공급이 늘어난 수입쇠고기는 육류 소비와 소 값과의 상관관계를 변화시키는 요인으로 등장한다.

금년 하반기에 들어서 소 값과 쇠고기 값이 계속 오르는 원인은 소 사육두수의 감소이다. 또한 수입쇠고기를 공급하면 국내산 쇠고기의 공급을 줄여 소 값이 오르는 것을 진정시키는 방법임을 축산인뿐만 아니라 소비자들까지 알고 있을 것이다.

그런데 왜 이러한 악순환이 일어나는가? 불과 이삼 년 전 소값 안정의 명분에 사육두수를 줄이는 목적으로 시행하였던 각종 시책들이 얼마나 미시적인 조치였을까 평가해 본다.

가축의 사육기반이란 단시일 내에 이룩할 수 없다. 대체로 돼지는 출생, 번식, 임신, 비육에 소요되는 기간을 합산하여 약 2년쯤 소는 약 4년 정도의 기간이 소요됨을 추정한다. 그렇다면 한번 무너진 가축사육 기반을 회복하는 일은 무척 많은 어려움이 따른다는 점을 예견하고 시책을 추진했어야 옳지 않았나 하는 생각이 든다.

이솝 우화집에 있는 이야기다.

사슴이 병이 들어서 풀이 잘 자란 풀밭에 몸을 뉘었다. 그런데 문병 온 친구들이 병든 사슴이 뜯어먹을 근처의 풀을 모조리 뜯어먹고 가버린 통에 병든 사슴은 병 때문이 아니라 배가 고파서 죽게 되었다.

가축의 사육두수가 많아서 값이 떨어졌으므로 사육두수를 줄인 것이 당연하다고 치자. 그러나 이제 와서 가축의 값이 좋을 때 막상 팔아야 할 가축이 없다면 얼마나 딱한 처지에 도달하겠는가.

축산인의 입장에서 볼 경우 모든 정황을 감안하더라도 사육기반만은 적정하게 유지되어 이런 시기에 소득을 볼 수 있어야 올바른 정책을 입안 추진하였다는 판단을 하지 않겠는가 싶다.

축산업에 있어 축산인은 주춧돌이고 가축의 사육기반은 기둥에 비할 수 있다. 주춧돌이 아무리 바르게 놓여 있어도 기둥의 길이가 다르면 축산업은 바로 서지 못한다. 그렇다고 마냥 기둥의 긴 쪽을 계속 자르다 보면 축산업은 붕괴되고 종래는 쪼그라진 움막집 신세를 벗어날 길이 없게 된다.

가축의 사육두수가 많다 하여 사육기반인 기둥뿌리를 자르는 미시적인 우를 다시는 범하지 말아야 하겠다.

기사년 새해부터는 축산업의 주춧돌을 다지고 길이가 짧은 기둥뿌리 쪽을 괴는 축산정책이 펼쳐질 것을 기대한다.

크로마토그래피와 육류 잔류물질검사

최근 수입 쇠고기와 대일 수출 돈육에서 유해 잔류 물질 함유에 대한 문제점이 대두됨에 따라, 농림수산부에서는 지난 5월 말에 수육獸肉 중 잔류물질 시험방법 및 허용기준을 제정 고시하였다.

수육에 잔류하는 유해물질은 국민보건위생에 위해를 줄 수도 있으며, 이로 인해 물의가 발생시 육류 소비 감소가 따르고, 양축농가의 피해까지 예상되기 때문에 이것을 미연에 방지하려는 뜻에서 시험방법 및 허용기준을 고시하였을 것이다.

동同 고시에 규정하는 잔류물질은 항생물질 10종, 합성항균제제 9종, 호르몬제 3종, 농약 3종, 중금속 2종으로서 실험실 검사결과

허용기준을 넘을 때는 식용으로 사용할 수 없도록 하고 있다. 예를 들면 옥시테트라사이클린, 설파메톡신, 카드늄의 경우 쇠고기, 돼지고기 공히 0.1ppm 이하이고, 페니실린은 쇠고기만 0.05ppm 이하 등이다.

그런데 잔류물질에 대한 시험방법을 보면, 크로마토그래피를 이용한 검사가 핵심을 이루고 있음을 알 수 있다. 크로마토그래피의 원리는 용질이 분배되는 차이로 원하는 물질을 알아내는 방법이다. 쉽게 말해서 여과지에 배인 잉크가 잉크에 포함된 성분 및 농도에 따라 무늬가 틀리게 나타나는 것과 같은 원리이다.

크로마토그래피는 1903년 러시아인 츠베트M.S. Tswett가 발견하였다. 그후 오랫동안 고체의 고정상과 액체의 이동상의 사용에만 국한되었다. 그러다가 1958년 박층크로마토그래피TLC의 원리가 확립되었고, 종이와 가스를 사용하는 크로마토그래피가 실용화되었다. 오늘날 중요한 분석방법에 널리 쓰이고 있는 고성능 액체크로마토그래피HPLC는 1968년부터 시작되었다.

1975년 이후 크로마토그래피는 더욱더 발전되어 이온 크로마토그래피IC의 개발과 함께 수용액에서 전하를 띠는 각종 무기, 유기이온의 분석에 일대 혁신이 있었다. 그리고 최근에는 초임계유체SFC를 사용하는 크로마토그래피가 개발되어, 컴퓨터와 조립 설치됨으로써 아주 미세한 성분의 분석과 확인도 가능한 실정이다.

크로마토그래피가 응용되는 분야는 매우 광범위하다. 광공업,

화학, 도금, 반도체, 에너지, 농업 분야 등 여러 가지 분야에서 이용된다.

축산 분야에서는 유해잔류물질의 검사 외에도 사료공장의 탄수화물, 아미노산, 단백질, 유기산 등의 분석과 동물약품, 유제품, 육가공품의 성분 분리 분석에 두루 쓰이고 있다.

수육에 잔류하는 유해잔류물질의 검사는 단순히 실험실의 수치로서 해결될 일이 아니다. 축산 전반에 파생될 수많은 문제점을 예견하여 차분하게 해결점을 찾아야 한다. 크로마토그래피가 복잡한 혼합물 속에서 원하는 성분을 분리 확인하듯, 간두竿頭에 다다른 오늘날의 축산 현실 속에서 축산인 모두가 원하는 적절한 대책을 마련해야 한다.

동물약품

동물약품이 축산업에 차지하는 비중은 축산의 규모가 커감에 따라 높아만 진다. 그러나 유통 및 사용 면에서는 퇴보하고 있다는 편이 옳을 것이다.

이런 추세는 약사 면허증을 배후에 걸어놓고 가축 질병의 상담과 방역까지 지도하는 동물약품 도매상이나 인체약품에 섞어서 동물약품을 판매하는 약국이 가축의 질병에 대해서 얼마나 알고 축산업에 연관을 짓고 있나 생각해 보면 알 수 있다.

약학대의 교과목명 중에 가축 및 가축의 질병에 관한 과목은 없다. 그래서 어떻게 투약을 할 수 있느냐 하는 의문을 제기할 때 가축이나 질병에 대해 배운 바는 없다고 쳐도 그 정도는 수의사의 처방에 의하면 가능하지 않겠냐는 벽창호 같은 답변을 들을 수 있다.

현실적으로 가능한 일인가? 수의사의 처방을 받아 동물약품을 판매하고 이렇게 구입한 약품을 가축질병의 치료에 사용하는 축산인이 있을까 의문이다.

다만 동물약품을 판매하기 위하여 약사면허증이 소용될 뿐이다. 따라서 축산인들은 가축의 위생과 진료를 비전문가로부터 상담하고 처방을 받는 실정이다.

뿐만 아니라 동물약품에는 약사면허증 게시에 따른 원가까지 포함되어 있어 축산인은 이중으로 피해를 당한다. 왜 이러한 사례가 발생되고 또 개선되지 못하는가 하는 해답은 동물약품 취급규칙에서 찾을 수 있다. 약사법에 근거한 동물약품 취급규칙은 비록 농림수산부에서 제조, 허가, 품질관리, 유통, 사용까지 관장하고 있지만 판매만은 안된다는 것이다.

농림수산부와 축산 관련단체들은 동물약품의 전문성, 약품 오용과 남용, 질병 상담 등의 문제점을 들어 수의사가 동물약품을 판매할 수 있도록 보사부에 약사법 개정을 수차 요청했다는데 지금까지 반영되지 않았다.

양축농가와 직접 관련된 수의사가 동물약품을 판매하지 못하는 제도가 축산업 전반에 얼마나 많은 폐해를 초래하는 중임을 보사부는 실감하지 않는다. 명분이야 서든 말든 동물약품 판매제도를 고수하는 이유를 축산인들은 안다.

논어의 자로 편에 '정명正名'이라는 말이 있다. 정명이란 명분을 바로잡자는 뜻이다. 명분이 바로 서지 않으면 말이 도리를 따르지 못하고 말이 도리에 따르지 못하면 일이 이루어질 수 없다는 공자의 말이다.

보사부가 수의사에게 동물약품을 팔지 못하게 함은 명분이 없으며 이를 바로잡지 않는 것이 명분 있는 일로는 생각되지 않는다.

모든 축산인들이 반대하는 축산물의 수입개방 문제도 국제화시대의 큰 물결에 휩쓸려 잊혀져 간다. 이제 축산인들이 할 일이란 우리의 축산물이 수입축산물보다 경쟁력에서 앞서게 하는 방법이다.

그러자면 다른 지원시책과 병행하여 수의사가 동물약품을 판매할 수 있게 하여야 한다. 축산과 수의사는 상호보완 관계를 갖고 있다. 입술이 망하면 이가 차듯이 수의사가 설 위치에 다른 사람이 점유할 땐 축산은 홀로 서야 하는 어려움에 처해진다.

앞으로 농림수산부에서는 수의사의 동물약품 판매에 관하여 보사부와 계속 협의하고 반영이 되지 않을 경우 별도의 동물약품 관리법을 제정할 계획이라 한다. 축산인의 입장에선 명분 있는 일로 생각된다. 이를 두고 정명이라고 한다 해도 과언이 안될 것 같다.

바둑적인 축산론

바둑은 포석부터 시작해서 중반 · 종반 및 끝내기 과정을 거쳐 한 판의 승패가 결정된다. 승부는 마지막 계가를 할 때까지 엎치락뒤치락 몇 번이나 바뀌게 된다. 포석 단계에서 계가까지 전 과정에서 어느 한 곳만 삐끗 실수하면 실컷 잘 두어 놓은 바둑이 지게 되는데 이 중에서 가장 중요한 시기는 끝내기라 할 수 있다. 바둑을 두는 사람들은 끝내기에서 역전당했다는 실패담을 말하는 경우가 많다. 이처럼 끝내기는 승부를 판가름하는 마지막 단계로서 그 중요성이 인정된다.

인생에 있어서도 마찬가지다. 한 사람의 일생을 평가할 때 그의 마지막 황혼기에 큰 비중을 두는 것은 이런 맥락으로 바둑의 끝내기와 동일시된다.

축산을 바둑에 비교하면 가축의 사육에 따른 제반사를 포석으로 우유나 가축 등을 출하하여 유통하는 일을 중반전으로 그리고 축산물의 판매 및 소비단계를 각각 종반전과 끝내기로 볼 수 있다.

최근의 축산정책은 포석단계인 가축의 사육에서 시작하여 중반전인 집유와 도축단계까지 처리하고는 가장 필요한 종반전과 끝내기인 축산물의 판매 및 소비단계에서 앞으로 나가지 못하고 물러서고야 만다. 식품이란 명칭이 붙어 축산정책과 일관성 있게 연계되지 않는 실정이다. 얼마 전까지는 축산물가공처리법이 있어서 축산물의 수급과 유통 및 소비 단계를 생산과 연계하여 일관성 있는 행정을 처리할 수 있었던 적이 있었다. 그 시절에는 단지 소비자에게 유통되는 과정만을 식품위생법에 넘겨 주었으므로 축산농가가 생산한 축산물(축산식품)은 축산정책의 테두리 안에서 일관성을 가지고 수급 조절이 가능하였었다.

그러나 지금은 사정이 다르다. 축산물위생처리법으로 반판의 바둑밖에 둘 수 없다. 축산업의 종반전과 끝내기 단계를 식품위생법에 넘긴 작금의 상태에서 좋은 판을 기대하기는 어렵다는 생각이다.

바둑을 두는 방법으로 탁구 또는 정구의 복식경기와 같이 두 명이 한 조가 되어 두는 복식바둑이 있다. 여기서 이기는 요령은 자기 편이 먼저 둔 돌의 의미를 잘 이해하고 일관성 있게 다음 점을 두는 방법이다. 어림없이 자신의 주관을 강조하다가는 바둑을 버리게 된다. 하물며 같은 편끼리 짜고 두는 복식바둑조차 이럴진대, 축산정책의 끝내기를 시책 방향이 다른 식품위생법에서 처리토록 하고 있는 현행 제도는 무언가 석연찮다는 기분이 든다.

이 문제는 축산인 모두가 관심을 가지고 숙고해 볼 필요가 있다. 축산물 자체가 식품으로 소비되기 위해 생산 및 유통이 되는데 식품으로 따로 규정한다 하여 더 위생적으로 처리된다고는 말하기 어렵다. 국민보건위생의 차원 및 축산농가와 소비자의 권익보호적인 측면에서 축산식품의 판매 및 소비사항은 축산물위생처리법에 규정함이 마땅하다는 생각이다.

따라서 축산정책의 방향은 판매와 소비단계까지 시야를 넓혀야 한다. 바둑에 끝내기가 중요하듯 이 단계도 매우 중요하기 때문이다.

정년퇴직과 축산인

축산행정에 종사하면서 축산업을 처음 시작하려는 사람들의 민원을 받았을 때 제일 먼저 느끼는 것은 그들이 가축에 대하여 전혀 모른다는 사실이다.

간간이 찾아오는 이들은 대부분이 정년퇴직을 앞둔 샐러리맨들로서 퇴직금을 자본으로 무작정 축산업에 뛰어들겠다는 결심을 가지고 찾아오는 사람들이다. 축산을 장려하고 시책을 추진해야 될 축산 분야 공무원의 입장에서 볼 적엔 무척 난감해진다. 소값 파동과 양돈 불황이 있을 적에는 이들을 설득하기란 그렇게 어렵지 않았다. 그러나 요즘처럼 소값과 돼지값이 그런대로 안정이 되었다는 시점(?)에서는 끝까지 축산업을 해 보겠다는 사람을 설득하기란 쉽지는 않다.

축산업에 대한 지식은 제쳐놓고 퇴직 후 마땅한 일자리가 없어서 축산업으로 눈을 돌리는 그들의 심정을 충분히 이해할 수 있다. 우리나라의 현실이 샐러리맨의 퇴직 후 생활에 대한 별다른 방안이 없으므로 이러한 경우가 생기는 것은 어쩔 수 없지 않겠는가 생각된다.

중국 주나라 시절의 이름난 말(馬) 감정가인 백락은 미운 사람에게는 천리마를 보는 방법을 가르치고 마음에 드는 사람에게는 보통 말을 보는 방법을 가르쳤다 한다. 천리마는 흔하게 거래되지 않기 때문에 감정할 기회가 거의 없지만 보통말은 많이 거래가 되기 때문에 보는 방법을 알면 실제로 사용될 수가 있어 벌이가 많이 되는 까닭이다.

H군청의 축산계장은 양돈업으로 성공한 사람에 든다. 그가 처음 양돈을 하게 된 동기는 십여 년 전에 도축장에 출하된 모돈을 구입하면서부터이다. 축산인 한 분이 도살 직전의 버크셔 모돈을 보고는 임신 말기인 이 모돈이 새끼를 많이 낳고 치중을 잘할 것이라며 육돈값에 구입하여 키우도록 권유하였고 축산계장은 그의 권유를 받아들였다. 이때 구입한 모돈에서 늘인 돼지를 기초로 이제는 튼튼한 농장주가 되어 있다.

H군청의 축산계장에게 돼지를 보는 안목을 길러준 축산인은 그저 쓸 만한 모돈을 보는 점을 가르쳤는데 평범한 기술 같으나 축산

을 시작하려면 제일 먼저 가축을 보는 안목을 기르는 일이 필요하다고 인식했기 때문이라 생각한다. 그래서 축산 분야 공무원들이 높은 자리에는 못 미치고 또 침체에 빠져 있지만 축산 발전과 축산인을 위하여 힘껏 일한다면 보통 말을 볼 수 있는 기술을 배우고 가르칠 수 있을 것이며 어쩌면 축산인 모두가 소리를 모아 "힘을 내라!"는 말을 할 시기가 오지 않겠는가 기대한다.

콩트

Conte

앞니 고르기

G농협 본부의 총무과장으로 발령 받은 박 과장은 전임 과장과 업무 인계 인수를 마친 다음, 모든 일을 제쳐놓고 회의실 앞자리 '앞니 고르기'에 고심하게 되었다.

유통과장 보직 때에는 총무과장이 회의실에서 동분서주하던 모습이 남의 일이라서 그런지 고생을 하고 있다던가, 어려운 형편에 처해 있다는 생각을 별로 해본 적이 없었다.

"박 과장, 과의 직원들 모두 회의에 참석토록 조치하고 가능한 앞자리에 앉도록 부탁한다."

하고 입사동기인 총무과 이 과장이 말할 때조차

"남의 앞에 서기를 좋아하는 사람이 없잖아! 너무 강요하지 말게.”

하며 귀찮아했을 정도였다.

그런데, 막상 총무과장으로 발령을 받자마자 자신의 처지가 바뀐 걸 어쩌랴. 다음날 아침 조회에 삼백여 직원 중에서 과연 누가 회의장 앞자리를 석류알처럼 가지런히 메워 줄지가 의문이었다. 이 과장이 회의 때나 교육 때에 앞자리를 메우려고 고심하던 모습이 떠올랐다.

“뒷자리에 계신 분들과 이제 오시는 분은 앞자리가 비어 있으니 앞으로 나와 앉아주시기 바랍니다.”

하면서 앞자리를 메우려고 노력하던 이 과장의 처지를 강 건너 불 보듯 생각하였던 터라 이러한 일들이 박 과장을 더 고민으로 끌고 가게 되었다.

사실, 직원회의나 어떤 모임을 막론하고 연단에서 가까운 앞자리는 언제나 이빨이 빠진 모양으로 비어 있었다. 앞니 빠진 얼굴을 상상해 보니, 평소 자신이 남의 일이라 하여 너무 무관심하였구나 하는 회의가 일었다. 그래서 퇴근시간을 기다렸다가 전임과장 외 과원 전원을 자문위원으로 위촉(마음속으로)한 뒤 신고식을 겸하여 위기 타개 방안 수집에 나섰다.

저녁 식사를 겸해 술이 얼마쯤 돌고 난 다음, 박 과장은 각설하고 자신의 고민을 좌석에 내놓았다.

먼저 육군 중위로 예편한 신입사원이 간단한 방법이 있다면서 말했다.

"전차 또는 전철, 자동차 스타일로 간단히 해결됩니다."

"회의장 자리 메우는데 전차, 전동차가 무슨 소용이야!"

누군가가 빈정거렸다.

"예비군 훈련장에 가면, 서로 앞자리에 앉지 않으려고 뒤로 몰리지 않겠습니까"

"그래 맞아. 우리 회의실과 비슷하지……."

"조교가 앞쪽에 있던 교안을 뒤로 가지고 갑니다. 즉, 앞과 뒤를 전차처럼 활용하는 겁니다."

"예비군 훈련장과 우리 회의실은 서로 다르잖아!"

이 과장이 버럭 소리를 질렀다.

"누구 다른 고견이 없을까? 좋은 아이디어 있으면 내 한턱 내지."

박 과장은 좌중을 둘러보았다.

"본부 행사하면 제가 제일 오래 일을 보았죠. 별 방법을 써 보았으나 뾰족한 수가 없었습니다. 강압적이면 될 것도 같습니다만, 자발적으론 어림없습니다. 그렇지 않습니까? 이 과장님."

총무과의 제일 고참인 고 대리가 이 과장의 비위를 맞추려는 눈치를 보였다.

"이런 방법은 어떻습니까. 회의실 좌석을 참석 인원수보다 줄이는 방법과, 앞줄 한 줄을 회의 시작 직전에 치우는 방법……."

"그 방법도 해 보았지. 그런데 회의가 시작되고 뒤늦게 온 사람들 때문에 의자를 들고 이리저리, 쿵쿵 쾅쾅 시끄러워 회의가 엉망이 되었다구!"

이 과장이 탁구공이 넘어가듯 빠른 속도로 말을 받았다.

이 말 한마디에 돌연 대화가 중단되고 술좌석은 무거운 분위기로 변했다. 박 과장은 전임 총무과장인 이 과장이 해결하지 못한 일을 너무 성급히 꺼내었다는 것을 알았다.

총무과장이 왜 앞자리 메우는 일에 그처럼 집착하는가. 단상에서 보았던 높은 사람들이나 초빙된 강사들의 이야기로는 마치 앞니가 빠진 모양으로 보기에 좋지 않을 뿐만 아니라, 말할 기분조차 나지 않는다는 것이다. 박 과장의 입장에선 높은 분에게 자신이 담당한 첫 행사에 좋은 인상을 남겨주고 싶었다.

"이 과장은 좋은 복안이 있겠지? 우린 막역한 사이가 아닌가, 날 도와주게……."

박 과장은 하는 수 없이 전임 과장에게 매달렸다.

"내가 시도하였던 여러 가지 방법을 말해 보겠네. 사실은 총무과장 일 중에서 제일 곤란한 일이 사람을 모으는 일이었어. 교육, 회의, 조례, 민방위 훈련 등 그때마다 누구도 앞자리에 앉으려 들지 않았어. 그 이유를 알 수가 없었지. 곰곰이 생각해 보니까 우리나라 사람들 대부분이 남의 앞에 서지 않으려는 경향이 있는 것 같아. 이 사항은 질서와는 무언가 다르다는 생각이 들었는데 어떤 이는 유교사회의 겸손이라고 하고, 또 다른 이는 임진왜란과 6 · 25 한국전쟁까지 들먹이며 앞서면 피해를 본다는 관념이 우리의 의식 속에 흐르고 있다고 했어. 솔직히 말해서 남의 앞에 앉으면 불편한 점이 많을 거야……."

"무슨 수가 없을까?"

"그래서, 내가 시도했던 방법을 이야기하려는 게 아닌가. 죽 들어보고 자네가 보완하여 쓸 것이 있으면 써먹고, 나머진 참고 삼아 들어두게. 먼저 개인별 좌석을 지정하는 방법으로 시작해서, 뒷좌석에 앙케이트 돌리기, 늦게 온 사람 앞좌석에 보내기, 좌석 숫자 줄이기, 각 과별 범위지정, 앞자리에 앉은 사람과 본부장과의 즉석 면담, 보도사진, TV 촬영은 앞줄에서 등등 기발한 아이디어를 한껏 동원했네마는 결국은 '앞자리가 비어 있습니다. 지금 오시는 분은 앞으로……' 였다네."

"결론은 원점이 아닌가?"

"참, 박 과장 친구 중에 지난번에 나와 함께 만난 치과의사 있지 않아? 어쩌면 그 친구 솜씨면 임플란트를 하더라도 앞니 고르기가 될 것만 같은데, 허허허."

"하하, 허허, 낄낄, 껄껄, 히히……."

모두가 박장대소를 하였다.

박 과장은 술맛이 사라졌다. 직원들에게 끌려 2차 3차를 갈 마음이 생기지 않았다. 그들의 손을 간신히 뿌리치고 혼자서 걸었다.

발길 닿는 대로 무작정 가다가 휴대폰을 꺼내들었다. 누구에게 전화를 하려는 목표가 없었다. 단지, 잠재의식 속에 외워져 있는 번호를 눌렀다. '뚜－' 하는 신호음이 들렸다.

"누구세요?"

원장의 부인이 잠에 젖은 목소리로 전화를 받았다.

"거기 오복치과 원장댁 맞죠?"

"네, 그런데요?"

"제수씨, 박 과장입니다. 전화 바꾸어 주세요."

쌀쌀맞은 친구 부인은

"세계협회 세미나 참석차 출국했어요."

하면서 전화를 끊었다.

박 과장은 그제야 비로소 간호원이 일전에 친구의 출국을 알려주었던 기억이 났다. 박 과장은 공연히 마음이 울적하여 집으로 돌아오자 곧 잠이 들었다. 꿈속에서 앞니 빠진 자신의 유년시절 놀림을 당하던 꿈을 꾸었다.

다음 날 아침, 회의장 앞쪽은 여느 때와 마찬가지로 앞니가 빠진 모양이었다. 아무도 자진해서 앞자리에 앉으려 들지 않았다. 박 과장은 이 과장이 하였던 것처럼

"앞자리가 비어 있습니다. 뒤에 계신 분들은 앞자리를 채워주시기 바랍니다."

라고 방송했다. 이어서 본부장께서 회의실로 출발하였다는 전갈이

부속실에서 있었다.

이때 회의실 제일 뒷자리에 앉아 있는 이 과장이 유독 눈에 띄었다. 그는 언젠가 박 과장 자신이 그러하였던 것과 같이 고개를 푹 숙이고 앉아 있었다.

우산

"와따, 서울 날씨 한 번 희한하다!"

"이 우산을 아까워 어쩐다지……."

우리가 시골에서 밤 열차를 타고, 아침에 서울역에 내렸을 때는 늦은 여름비가 억수로 쏟아졌다. 우산을 하나씩 사 쓰고, 서울역 앞 지하도까지 가서 접은 뒤, 길 건너 대우빌딩 지하에서 출구를 찾아 몇 분 가량 헤매다가 지상으로 나왔더니, 이게 웬일인가? 흩어지는 구름 사이로 싱그러운 아침 햇빛이 삐쭉 비쳤다.

불과 몇 분 전에 우산 하나에 오천 원씩이나 주었는데 비가 그치다니, 우리는 매우 난감하였다. 멀쩡한 아침에 우산을 들고 다닐 수도 없고, 그렇다고 돈 준 물건을 버리지도 못하는 처지였다.

눈 감으면 어쩐다더니 서울은 하늘까지 촌사람 간을 빼먹을 줄 아는가 싶었다. 이 정도의 우산이면 아이들이 학교에 갈 때 쓰고 갈 수 있고, 트랙터에 매달아 옥수수를 예취할 때 햇볕 가릴 양산으로 충분하게 사용될 터였다.

우리는 좌판에서 스포츠 신문을 사가지곤 겨우 물이 마른 인도에 앉아서 만화만 대충 훑어본 다음 비에 젖은 우산을 뚤뚤 말았다.

낡은 가방에 우산을 비스듬히 꽂은 우리는 마치 한강에서 밤낚시를 하고 돌아온 사람 같았다.

상경 전날 우사를 청소하고 있는데 같은 마을에 사는 상태가 월간 『농민』 잡지를 들고 와선, 고등학교 동창생 한 놈이 농협의 무슨 팀장이 되었다며, 소식난을 보여주었다. 온통 빨갛게 칠한…….

"야, 우리 이 친구를 만나서 자금 좀 활용하자. 어떠니?"

하고 물었다.

화창한 초가을에 어디론가 아무렇게 훌쩍 떠나고 싶은 심정을 억지로 참으며, 우사를 청소하는 판국에, 상태의 말은 마른 섶에 불을 당긴 것과 같았다.

앞과 뒤를 따질 겨를이 없이, 우리는 서울행 밤 열차를 탔다.

서울 구경을 수학여행이라도 하듯 날을 잡아 두었다면 모르지만 아무런 계획을 세우지 않은 채 여행가방 하나만 들고 상경한 우리는 친구가 출근하는 9시까지 무작정 기다려야 했다.

나이가 사십 줄에 선 사람이 아침 일찍 친척이나 아는 사람집을 찾아갈 체면은 아닌 만큼, 아침 시간 동안 우리는 갈 곳이 없었다.

“야, 저기 다방에 가서 눈 좀 붙이고, 녀석이 출근하는 시간에 전화를 하자.”

상태가 제안했다.

나는 뾰족한 수도 없거니와 밤차에 시달린 노곤함에 말없이, 충충하고 쾌쾌한 냄새가 나는 지하다방 계단을 내려갔다.

다방에는 밤차로 상경한 몇 사람이 희미한 불빛 아래서 병든 닭처럼 졸고 있었다. 아직 잠이 깨지 않은 종업원이 꼬박꼬박 졸다가 황급히 잔을 놓고 물을 따랐다.

“뭘 드실래요?”

“조금 있다, 손님 오면 마실게.”

“손님 오시면 그때 또 드시고 먼저 한 잔 드세요.”

눈꼬리에 시퍼런 먹물을 칠한 아가씨는 첫눈에 우리를 촌사람으로 알아 보았는지 계속 차부터 마실 것을 강요하였다.

우린 시골에서 축산을 하지만, 읍내에 나가면 보통 사장으로 통했다. 다방 아가씨들이야 우리 몸에서 가축분의 냄새가 나든 말든 씨이리 차 한 잔씩이면 족했다. 행여 우리가 딴 다방으로 갈까봐 걱정인 판이었다.

상태와 아가씨가 노닥거리는 동안 나는 얼핏 잠이 들었다. 그리고 가물가물 멀어져 가며 상태의 이야기를 들었다.

“너희 집 왜 이렇게 불친절해! 우린 돈 좀 있어. 찻값 얼마야. 아가씨 모두 한 잔씩 사줄테니 다 와봐, 저기 저 아저씨와 나는 이래 보여도 돈 많아. 이 가방이 돈가방이야!”

하며 우산이 비스듬히 꽂혀 있는 가방을 두드렸다.

“시시하게 차 한 잔을 가지고 사람 괴롭히면 재미없어! 확 쓸어 버린다! 알겠어?”

“네, 알아서 모시죠. 한데, 찻값은 선불로 주세요.”

“이게 보이지 않아. 걱정 마. 차 정도야 얼마든지 사 줄게.”

상태의 끼와 풍은 온 읍내에서 호가 난 터라 나는 마음 쓰지 않고 잠이 들었다.

“야, 일어나. 녀석이 출근했을 거야. 전화 걸어야지…….”

상태가 한 손으로 눈을 부비면서 나를 깨웠다.

“몇 시니?”

“아홉 시 반이야.”

“전화해 보고 사무실로 찾아가자!”

우리는 차를 마시지 않고 그냥 전화만 한 다음 밖으로 나가려 했다.

그런데 다방 안이 너무 조용하였다. 아침이어서일까? 아무렴 서울역 앞 정도의 다방이 이처럼 한산할까? 게다가 악착같이 차를 마시라던 아가씨가 우릴 그냥 내보낼 리가 없었다.

"여보세요. 이 집 빈집이요? 동전 좀 바꿔 주쇼!"

상태가 주방을 향해 소리쳤다.

그러자 주방에서 아가씨가 낮은 쪽문을 기어 나왔다. 그녀는 계산대 위에 십 원짜리 동전을 한 움큼 놓았다.

나는 그녀의 손이 유난히 떨리고 있다는 느낌이 들었다. '왜 저렇게 손을 떨고 있을까?' 라고 생각하는 찰나였다.

"왁!"

"덮쳐! 잡아라!"

소리와 함께 계산대 아래서 시꺼먼 그림자들이 질풍처럼 튀어나왔다.

미처 피할 겨를이 없었다. 졸지에 내 앞에서 상태가 그림자 둘에게 덮쳐져 바둥거렸다. 나는 엉겁결에 우산을 뽑아 들었다. 눈에서 불똥이 튀었다.

"이게 무슨 일이냐! 그만두지 못하겠어? 모두 죽여 버리겠어!"

나는 분에 차서 소리쳤다.

갑자기 그림자들이 동작을 멈추었다. 두 손을 머리에 올리고 엉거주춤한 자세로 나를 보았다. 어릴 적에 '무궁화 꽃이 피었습니다' 할 때, 모두가 동작을 멈춘 것과 흡사했다.

그 다음, 상태를 덮치고 있던 두 사람이 엉금엉금 기어갔다.

"야, 이거 우찌된 거야? 이 사람들 경찰 아닌가베……."

상태가 겁먹은 소리로 말했다.

"아저씨 살려주세요. 우리 주방장이 신고했어요. 나는 아니에요!"

아가씨가 사색이 되어 두 손을 비볐다.

"우린 경찰이다. 무기를 놓고 항복하면 선처하겠다."

의자 사이에서 권총을 겨눈 경찰의 모습이 보였다.

내가 '그랬었구나' 하고 깨달았을 때, 우산을 싼 신문지가 찢어져 떨어지며 비에 젖은 우산이 드러났다.

승강기에서

낙농조합원 정기총회 뒤풀이에 참석하였던 조합장 K씨는 술이 조금 취한 상태로 승강기에 들어섰다.

12층 디스코 홀에서 지하 1층까지 표시등이 켜진 승강기에는 초록색 제복을 차려입은 승무원 외에 오륙 명의 손님이 타고 있었다. 한 평 남짓한 승강기의 여자 승무원은 승객이 다 찰 때까지 오픈 버튼을 눌러 출입문을 열어 놓았다.

"아가씨, 이젠 출발합시다."

승객 중 누군가 오래 기다려서 지겹다는 투로 말했다.

"그래요, 아가씨 우리 좀 바쁜데 이젠 그만 좀 내려가요."

"네, 그러죠!"

승무원이 문을 막 닫고 출발할 때였다.

"잠깐, 같이 떨어집시다."

하면서 한 무리의 남녀가 승강기 문을 비집고 들어섰다. 그들이 다 탈 무렵 삑 - 하는 경보가 울렸다.

"한 분만 내려 주세요."

승무원이 제일 마지막에 들어선 사내를 밀어내고 문을 닫았다. 승강기는 1층에 도착한다는 표시등을 켜고 12층을 떠났다.

관성 작용으로 머리 쪽에 힘이 몰리며 모두들 비행기가 착륙할 때처럼 아무 말도 하지 않았다. 사실 K씨는 이러한 느낌이 기분 나빠 승강기를 타는 걸 꺼렸다. 오르내릴 적에 멀미를 할 기분이 들기 때문에 어지간하면 계단을 이용하는 편이었다.

"아저씨, 왜 살짝 도망치시는 거예요. 다른 분들은 잘 놀고 계시는데, 혼자서 빠져나가는 사람이 어디 있어요."

"어, 아가씨로군……."

좀전에 디스코 홀에서 만났던 아가씨가 K씨의 겨드랑이를 끼며 말했다. K씨는 무슨 나쁜 일을 하다 들킨 소년마냥 얼굴을 붉히며 대답했다.

"우리 집 젖소가 내일 아침에 분만을 하거든. 지금 서울역에 가야지 젖소의 분만 시간에 맞춰 도착돼."

"아이, 아무리 그렇지만 가신다는 말씀은 하셔야 찾지 않죠. 온 사방을 아저씨를 찾으려고 다녔어요."

그녀의 숨결에 달짝지근한 술내음이 섞여 있었다. 그리고 보니 승강기 속은 디스코 홀의 열기와 술 냄새가 그대로 옮겨져서 가득 차 있었다. 몸과 몸을 부딪쳐 나는 발열현상과 술기운이 합쳐 비좁은 공간은 서서히 찜통 속으로 변하고 있었다.

"아가씨, 이 엘리베이터는 완행이구먼. 차라리 계단을 걸어 내려가는 게 빠르겠어."

"……"

승강기가 3층에서 멈추었고 승객 중 한 사람이 불평하였다.

"아가씨, 좀 이상하지 않아? 문을 열어 봐. 3층에 너무 오래 머물고 있잖아."

"잠시 기다려 보세요. 사람이 너무 많이 타서 문이 잘 열리지 않는 모양이예요."

승무원은 승강기 비상함을 열고 내부를 들여다보았다.

"아저씨, 우리 다른 곳에 가서 한잔 더 해요."

"안돼요. 나 기차를 놓치면 큰일이야, 아까도 말했지만 아가씨는 나와 파트너 하긴 너무 젊어!"

겨드랑이에 손을 끼운 아가씨가 K씨를 은근히 유혹했다. K씨야 젊은 여인이 교태를 부리는데 싫을 리가 없었다. 어쩌면 젖소가 분만하든 말든, 수입 쇠고기 때문에 농가 등이 반대 데모를 하든 말든, 할멈이 바가지를 긁든 간에 한 번쯤 놀아나고 싶은 심정도 들었다. 이순의 정은 잿불 정이라 했겠다. 적당한 바람만 있으면 '영계백숙' 정도야 충분히 덥힐 자신이 있었다. 다만 모두들 신나게 놀고 있는 판국에 그래도 빠져나올 만큼 자신의 직업에 성실한 그러한 자존심과 자긍심이 연륜보다 더 유혹을 강하게 막고 있는 터였다.

"아저씨, 저랑 한곡 춰요."

"나 춤 잘 못 춰!"

총회를 마친 임원들이 모처럼 만난 자리라 늙은 사람 젊은 사람 할 것 없이 디스코 홀에 입장하였고, 모두들 객기를 부리면서 춤추러 나간 뒤 K씨는 혼자서 술을 마시고 있었다.

"아저씨 일행은 로맨스 그레이인데요. 나이 드신 분들이 어쩌면 그렇게 멋지게 노실까…… 저기 테이블에 있는 아가씨들이 저희 친구들이예요. 원하신다면 파트너 해 줄 수도 있어요."

한껏 교태를 부리며 접근한 그녀는 말 그대로 제비였다. 남자 제비가 아닌 여자 제비를 시골에서 상경한 촌로가 알 턱이 없었다. K씨는 그저 즐거울 따름이었다. 현란한 조명 속에서 새끼줄 넓이밖에 되지 않는 팬티로 중요 부분만 가린 무희가 원형 무대(무대라 하지만은 둥근 밥상 정도였다)에 높다랗게 올라서서 나풀나풀 춤을 추는 모습에 이미 어안이 벙벙한 참이었다.

"난 정말로 춤을 출 줄 몰라."

"무슨 말씀인지 잘 안 들려요!"

갑자기 음악 소리가 커지는 통에 그녀가 K씨의 목을 끌어안고 말했다. 조명은 혼을 뽑고, 음악은 정신을 쫓아 내었다. 선남선녀들이 물속의 수초처럼 흐느적거렸다. K씨는 이순(60대)이 될 때까지 흔한 디스코나 블루스 한 곡조 춤추지 못하는 것이 안타까웠다. 젊은 여인이 잡아당기는 힘에 못 이겨 무대에 나가기는 했으나 몇 번 그녀의 발등을 밟고 나선, 괜한 짓을 하고 있다는 후회가 들었다. 화로火爐 저 아래 깊숙이 숨겨둔 정염이 잿빛 시간을 거슬러 올라 가물가물 잊혀져 가던 '정情타령'이 귓속에 맴돌았다. 하지만 몸과 마음이 서로 따로 놀고 있어서 음악이 너무 지겹고 길게 느껴졌다.

급기야, 지루함을 참지 못한 K씨는 화장실에 간다고 거짓말을 하고는, 바로 승강기에 올랐다. 시계를 보니 서울역에서 기차를 타기에 적절한 여유가 있었다. 그래서 K씨는 아수라장의 디스코 홀을 빠져나오기를 잘했다는 생각을 하고 있는 중이었다.

"아가씨, 비상 조치 방법이 없어? 이러다 우리 모두가 추락사하는 것 아냐……?"

같이 떨어지자며 승강기에 올랐던 사내가 승무원의 팔을 잡고 물었다.

"비상 인터폰이 신호는 가는데 받지를 않아요."

승무원의 목소리가 떨려 나왔다. 그녀는 당황하여 버튼이라는 것은 모두 눌러보고 주먹으로 탕- 탕 쳤다.

"그러면, 고장 나서 꼼짝 못한다 이거지? 맞지?"

"아이고 야단났네. 아빠가 돌아올 시간이 다 되었는데, 나는 죽었다."

남편 몰래 춤추러 왔을 성싶은 여인 중의 하나가 얼굴을 감싸고 주저앉았다.

"아줌마, 밀지 말아요. 비좁아 죽겠는 걸 앉으면 어떻게 해요. 일어나요!"

"당신, 왜 내 발 위에 서는 거야!"

"아이! 어디를 만져요, 미쳤나……."

"이 새파란 녀석이 좁은 공간에서 담배를 피우면 어떻게 해!"

"새파랗다니, 이게 눈이 삐였어!"

병아리 통만한 승강기 속에서는 지옥계界에서나 생김직한 일들이 일어나고 있었다. K씨는 무슨 수를 쓰든 빠져나가야겠다고 작심하였다.

"아가씨, 혹시 손톱깎이 있어?"

K씨가 파트너에게 물었다.

"이 속에 있을지 모르겠어요."

핸드백 속에 주민등록증, 루즈, 화장품, 껌조각, 손수건, 열쇠, 토큰, 동전, 성냥, 볼펜, 손톱깎이, 병따개 등이 들어 있었다. K씨는 저고리를 파트너에게 맡기고, 병따개를 문 사이에 끼우고 힘껏 비틀었다. 문이 삐춤 열렸다. 찬바람이 그 사이로 들어왔다. K씨는 사람들을 물리고 젖 먹던 힘을 다하여 문을 벌렸다. 그러자 고장 났다던 승강기 문이 쉽게 열려 버렸다.

승강기는 내부에서 온갖 일이 터졌는데도 3층에 정확히 도달해 있었다. 사람들은 고맙다는 인사 한마디 없이 모두 제 길을 갔다. 잠시 후 승강기는 다시, 일층에서 손님을 태워, 12층으로 올랐다. 복도는 언제 그런 일이 있었느냐는 듯이 조용했다.

"아가씨, 내 저고리 줘!"

"……."

가까스로 정신을 차린 K씨가 주위를 둘러보며 그녀를 찾았으나 양복 저고리만 복도에 떨어져 있었다.

저고리 안주머니를 더듬어 기차표를 꺼내려던 그는 지갑이 통째 없어진 사실에 술이 확 깨어났다.

벽화고분

남풍 씨는 물컵을 불쾌히 두고 가는 아가씨를 힐난할 형편이 아니었다. 단지 눈을 흘기는 모습이 성깔이 있겠다는 느낌을 받았을 뿐이었다. 토요일 오전 내내 고작 커피 한 잔을 마시곤 텔레비전 방송이 시작될 때까지 보리차만 붕어처럼 마셨으니, 매상 오르지 않는 심부름에 성질도 나겠지 하고 이해하는 정도였다.

"사장님, 보리차만 시키지 말고 우리 집에 새로 온 마담 언니도 차 한 잔 시켜 주세요. 그리고 저두요."

손님들이 차 하기엔 상기 이른 시간이어서 다방 아가씨 모두가 작당을 하여 남풍 씨를 꼬셨다.

"그래 좋다. 한 잔씩 하렴. 하지만 ○○신문 김기자 연락 오면 꼭 알려주어야 한다. 알겠어?"

"네! 그럼 차 고맙게 마시겠습니다. 주방장, 우리 커피 한 잔씩 줘요."

남풍 씨는 그녀들의 등쌀에 못 이겨 차를 사고 말았다. 그러자 읍내 다방 박씨라는 아가씨는 언제 눈을 흘겼느냐는 듯이 표정이 싹- 달라져서 잉크 냄새가 물씬 풍기는 조간신문과 텔레비전 리모컨 스위치를 그의 앞에 놓았다.

텔레비전은 이제 막 화면 조정시간이 끝나고 뉴스시간이었다. 리모컨으로 채널을 이리저리 돌리던 남풍 씨는 깜짝 놀라 자리에서 벌떡 일어났다.

요즘 부쩍 인기가 있다는 앵커맨이 전화기를 든 채 방송을 하고 있었다.

"○○신문 김기자가 발견한 벽화고분은 황해 안악의 고구려 벽화고분 동수묘冬壽墓에 버금가는 문화재입니다. 한강 이남에서 이처럼 훌륭한 문화유산이 거의 원형대로 발견되기는 처음입니다. 그러면 현지에 중계차를 다시 불러 보겠습니다. 아-, 정석 아나운서 나오세요! 아-, 여보세요!"

"뚜-"

"시청자 여러분 대단히 죄송합니다. 현지 송신 상태가 좋아지는 대로 다시 중계해 드리겠습니다. 오늘 이 자리에는 고고학계의 원로이신 K박사님이 나오셨습니다. 박사님, 이번에 발견된 벽화고분에 대하여 말씀해 주십시오."

앵커맨이 옆자리에 앉은 K박사에게 해설을 부탁하고 박사가 무어라 답을 하는 사이였다. 화면이 스튜디오에서 갑자기 야외로 바뀌더니 한창 자란 목초가 바람결에 물결을 이루는 정경이 보였고, 축사와 싸일로가 비치다가 '남풍농원' 이란 간판이 보였다.

"아니, 저런 우리 농장이잖아! 세상에 저럴 수가 있나. 저놈들이 남의 초지를 마구 밟다니……."

화면에 남풍농원의 근경과 운집한 보도진의 모습이 비친 뒤에 초록색 우단처럼 부드러운 초지 위를 종횡무진 내닫는 기자들이 보였다.

"어? 김 기자가 왜, 저기 있지? 나랑 다방에서 만나기로 하였는데……."

화면이 초지땅 아래에 있는 고분의 석실 내부를 잠시 보인 직후에 김 기자의 얼굴이 클로즈업되며 전체에 가득했다.

"이번에 벽화고분을 처음 발견한 ㅇㅇ신문 김 기자이군요."

"네, 문화부의 최고 수준이죠. 우리나라 고고학 분야에 좋은 기사를 많이 쓰고 있습니다."

"금년도 기자협회 최고상을 수상하지 않았습니까."

"네, 그렇습니다."

앵커맨과 박사가 서로 죽이 맞아 김 기자를 칭송했다. 그때서야 남풍 씨는 사건이 돌아가는 사태를 알아차렸다.

"이 사기꾼을 그냥 두나 봐라!"

하며 다방을 뛰쳐나와 지나는 택시에 올랐다.

화가 너무 심하게 치밀어 먼지를 일으키며 질주하는 택시가 느린 것 같았다. 차라리 택시에서 내려 달리는 게 나을지 모르겠다는 생각조차 들 지경이었다.

남풍 씨가 오전 내내 다방에 죽치고 앉아 있었던 사유는 이런 것이었다.

지난가을 농장 맞은편 야산을 개간하여, 초지 조성을 하였는데, 잡관목의 뿌리를 제거하던 인부들이 이구동성으로 5부 능선쯤에서 땅속이 울린다는 말을 한 적이 있었다. 당시에는 작업 진도가 느려서 못 들은 척 처리하였다. 그런데 어저께 목초를 베다가 땅속에서 울리는 자신의 발자국 소리를 들었다. 그때 지난가을에 인부들이 하였던 이야기가 기억났다.

남풍 씨가 몇 뿌리의 목초를 뽑아내고 그 아래에 있는 납작한 돌을 한장 벗겨 내었더니, 땅 아래로 흙이 솔솔 빠져 들어갔다.

남풍 씨는 부리나케 집으로 돌아왔다. 그리고 아내에게 자초지종을 말했다.

"여보, 앞산에 큰 무덤이 있어요. 속이 무척 넓고, 커! 굉장한 보물이 묻혀 있을거야. 어서 손전등을 찾아와."

"무슨 소리, 지금은 착유할 시간이예요. 할 일이 태산 같은데 멀쩡한 대낮에 손전등을 들고 뭘 하시려고 그래요. 제발 그만두세요!”

남풍 씨의 아내는 남편이 꼭 정신 나간 사람처럼 보였다.

“아니야, 울긋불긋 뭔가 가득해. 우린 이제 부자가 될거야. 언젠가 들은 이야긴데 우리 집 터는 옛날 장군이 살았던 곳이래. 저기 앞산은 말을 매었던 흔적도 있었다 했어. 어서 손전등을 찾아봐!”

“고장난 워터컵은 언제 손 보실 거죠? 아까운 물이 죄다 흘러요…….”

남풍 씨는 아내의 이야기를 귓가로 흘려보내고, 초지로 올라갔다.

굴은 장방형으로 생겼고, 마른 흙내음이 물씬 풍겼다. 조심스럽게 손전등을 비추던 남풍 씨는 굴의 사방 벽면에 가득한 사람의 그림을 보았다. 도끼와 창을 든 말탄 군사와 갖가지 깃발을 들고 있는 사람들이 보였다. 몸집이 큰 장군과 부인이 손수레를 타고 그 뒤를 기마병, 궁수, 방패수, 시중, 시녀들이 수없이 따랐다.

남풍 씨는 그들의 위용에 압도되었다. 간이 콩알만큼 줄어들었다. 금방, 긴 창을 든 군사가 험악한 얼굴로 찌를 듯이 노려보았다. 도끼를 치켜올린 무사가 내리칠 자세였다. 기마 무사가 말발굽으로 자신을 밟으려 달려들었다. 혼비백산한 그는 엉겁결에 손에 잡히는 대로 항아리 하나를 들고 도망치듯 산을 내려왔다.

“이거 얼마나 나갈까?”

온몸에 땀이 흥건하게 젖은 채 겨우 정신이 돌아온 남풍 씨가 아내에게 물었다.

"얼마나 나가면 뭘해요. 냉각기 전선이 절단되었는지 가동이 안 돼요. 8호는 사료를 먹지 않고, 워터컵 고장이 하나 더 늘었어요. 내일 큰애 학교에 개교기념일 행사를 한다구. 당신을 내빈으로 초대했다고 하던대요."

"그런 건 당신이 알아서 해!"

남풍 씨는 아무것도 생각하지 못했다. 오로지 파르스름한 빛깔이 도는 항아리를 얼마에 팔 수가 있을까 하는 생각뿐이었다.

"이건 진품 같습니다. 흠, 수천은 되겠어. 신고하셔야 되겠는 걸……."

골동품상 점원은 남풍 씨가 가지고 간 항아리를 감정한 다음, 눈빛을 반짝였다.

이때 공교롭게도 바둑을 두고 있던 김 기자가 그들의 소리를 듣고,

"이 물건 어디서 났죠? 바른 대로 말해요!"

하면서 끼어들었다.

"풀을 베던 중 밭둑에서 주웠지."

남풍 씨는 짐짓 오리발을 내었다.

"매장문화재를 도굴하거나 신고하지 않으면 어떻게 되는 줄 아세요. 문화재 보호법에 의한 처벌을 받습니다. 자, 솔직히 말씀하

세요. 어디서 났어요?"

돈푼깨나 만질 것이라는 기대로 골동품상에 들른 남풍 씨는 돈은 고사하고 김 기자의 질문에 대답이 궁하여 죽을 지경이었다. 이러다가 경찰서에 잡혀갈지 모른다는 걱정이 생겨났다.

"좋습니다. 우리 이렇게 합시다. 모든 사실은 비밀로 하고 내일 오전에 읍내 다방에서 만납시다. 내가 본사에 연락할 테니, 내일 본사 취재진에게 상세한 자료를 주세요. 그러면 당신은 본사에서 주는 상금과 국가 보상금을 받습니다. 어때요?"

"그냥 밭에서 주웠다는 것밖에 할 말이 없어."

"우리 이러지 말고 어디 조용한 술집에 갑시다. 제가 한잔 사죠."

남풍 씨는 김 기자가 내는 술에 취해 집으로 돌아왔었다. 술이 무척 취한 와중에서도 벽화고분에 대한 이야기를 입 밖에 내지 않았다는 자위를 하면서…….

택시가 농장을 오르는 갈림길에 다다랐을 때에 남풍 씨는 급히 차비를 계산하고 내리다가, 길가에 유통을 즐비하게 세워놓고 우유를 개울에 쏟고 있는 아내와 눈이 마주쳤다.

"미쳤어! 왜, 우유를 쏟아?"

하고 그가 물었다.

"오늘 새벽에 집유한 우유가 모두 산패로 불합격 나왔어요. 냉각기 고장인 줄을 알면서 아까운 우유를 썩힐 만큼 골동품이 대단

합니까? 목장일은 엉망진창인데다 큰애 학교에선 몇 번이나 전화가 왔었다구요. 기가 차서 내가 군청에 신고했어요. 잘되면 문화재 발견 보상금과 상금까지 준답디다.

"아니, 뭐라고!"

남풍 씨의 코에 쉬어빠진 우유 내음이 격하게 풍겼다.

소도둑

사내는 집 안의 불이 모두 꺼지고 코 고는 소리가 들릴 지경이 되었을 적에 살며시 우사 담벼락에 붙어 섰다. 비닐로 겹겹이 봉하여진 우사 창문으로 지금 자신이 훔치려 하는 소의 모습들이 희끄무레 보였다. 언 손으로 우사 출입문을 밀치니 '삐그득' 하는 소리와 함께 실내의 따스한 기운이 밖으로 밀려 나왔다.

"제기랄, 소 신세가 나보담 월등히 편하고 따뜻해 보이잖아……."

사내는 투덜거렸다.

사실, 바람 한 줄 불지 않건만 살을 에는 추위가 온 천지를 얼어

붙이고 있는 밤이다. 지척에서 강물이 동결되는 소리가 '징－징' 들린다. 강가에 숨어서 집주인이 잠들기를 기다리는 고역은 차라리 소의 신세가 부러울 지경이었다. 그러나 잠시 후에는 이 소들 중에서 가장 좋은 놈을 골라서 몰고 간다 생각하니 조금 전 소 신세를 부럽께 여겼던 생각이 우습게 느껴졌다. 사내는 전짓불을 비춰 도둑질할 소를 골랐다. 우사 내에는 이십여 마리의 소가 있었다. 소들은 주인이 아닌 침입자가 있음을 눈치채고 콧방귀를 뀌는 놈, 앞발을 우사 바닥에 사정없이 비비는 놈, 나지막이 우는 놈도 있었다. 가바자기 놀란 송아지 한 마리가 어미소 뒤로 숨었다.

"쉿, 조용히들 있어. 알았어!"

사내는 당황하여 소들에게 말했다. 이때 우사와 가까운 방에서 불이 켜지면서 이런 소리가 들려왔다.

"이놈의 소가 추워서 잠이 오지 않나, 왜 이렇게 소란하지?"

사내는 바짝 긴장을 하고 방 쪽을 주시하였다. 그런데 노인이 방문을 열고 나왔다. 사내는 재빨리 우사 뒷문으로 빠져나갔다. 우사 뒤에 쌓여 있는 축분 더미를 향해 한 발 내딛는 순간, 저녁에 부은 것인듯, 표면만 동결된 쇠똥에 미끄러져 버렸다.

"김씨는 소 여물통에 물을 이렇게 많이 고여두었군, 이런 추위에 얼어붙으면 어쩔려구……."

노인이 혼잣말을 하면서 바가지로 물 퍼내는 소리가 났다. 사내는 군대 시절에 배웠던 높은포복 자세로 기어서 구유 아래에 납작

엎드렸다.

사내가 숨을 죽이고 가만히 있는데…… 느닷없이 구유 속 얼음이 섞인 물이 사내의 목덜미에 쏟아졌다. 사내는 너무 차가웠으므로 진저리를 쳤다. 무슨 영문인지 미처 깨닫기도 전에 연거푸 두 바가지의 물이 더 쏟아졌다. 사내는 재수가 더럽게 없다는 생각이 들었다.

"아니 김씨 이 사람은 정화조관이 얼어붙어서 쇠오줌이 온통 흥건한 줄도 모르고, 쯧-쯧, 오줌이 칠갑이네……."

이번엔 찌릿한 쇠오줌이 사내의 머리 위에 곧바로 쏟아졌다. 사내는 목덜미를 타고 흘러드는 찬 오줌을 피하지 못하고 고스란히 내의까지 적셨다. 노인은 쿨럭-쿨럭 기침을 하면서 간헐적으로 구유 속의 물과 우사에 고여 있는 쇠오줌을 번갈아가며 부었다.

사내는 몸을 잔뜩 웅크리고 엎드려 있었다. 둑 너머 강에서 얼음이 얼어 강물이 부풀어 터지는 소리가 들렸다. 육신이 온통 순식간에 동태처럼 굳어졌다. 이제 막 부은 오수가 오리털 파카 위에서 얼며 찢어지는 소리가 들렸다.

저녁답에 서울에서 오신 손님이 말했다.

"내일 새벽 4시까진 반드시 지정된 장소로 소를 몰고 나와야 합니다. 대금은 우선 선금으로 반을, 그리고 소를 싣고 난 다음에 나머지를 줄꺼요. 시간을 꼭 지켜라 이거요."

"헌데, 살아 있는 소를 어떻게 냉동차에 싣고 갑니까?"

"이 멍충한 사람아, 그러니까 시간을 지켜라 하잖아. 서울까지 가는 동안에 차 속에서 간단히 해체할 시간이 필요하다 이거야. 알았수?"

얼굴이 까만 냉동차 기사가 말했다.

"그리고 당신 조심해요. 요즘 이 고장에서는 소도둑을 신고하거나 검거하면 보상금을 준단 말이오. 소도둑 하기가 무척 힘들게 되었소. 하지만 당신이야 우리 물건 공급에 차질을 가져오거나 말썽을 만들지 않을 걸로 믿고 있소."

그들이 조폐공사에서 바로 나온 듯한 세종대왕이 그려진 파란 지폐를 선금으로 반쯤 주고 갔다.

사내는 마음이 조급해졌다. 하지만 노인이 우사를 지키고 있는 이상 어떻게 해 볼 도리가 없었다. 매 맞는 꼴이 되어 가지곤, 소도둑은 고사하고 얼어 죽을 판이었다. 오랫동안 숨어 있던 사내는 노인이 잠시 자리를 비운 사이에 동정을 살피려고 몸을 살며시 일으켰다. 그러나 그것은 마음뿐이었다. 땅바닥에 얼어붙어 버린 오리털 파카가 굳어진 채 옴짝달싹을 할 수 없었다.

'내가 왜 이럴까?'

사내는 불안하고 더욱더 조급해졌다. 지금쯤 고속도로변 약속장소에서 냉동차를 세워놓고 기다리고 있을 서울 손님들이 눈앞에 선했다.

"하필이면 이런 집을 점찍다니."

사내는 후회가 막심하였다.

노인이 잠이 들면 급히 소를 몰고 가야지 하는 마음이 자꾸만 앞서가고 있었다. 물에 젖어 헝클어진 머리가 얼며 머리카락이 빠지는 통증이 엄습했다. 손등과 발등이 얼얼하면서 감각이 없었다. 종래는 이빨이 부딪치는 소리를 참을 수 없어 딱딱 – 따다닥 떨기 시작했다.

사내는 정신이 혼미해졌다. 강물이 얼어 터지는 소리가 귓속에서 들렸다. 자신이 얼어 죽는 꿈과 고속도로에서 소값을 받는 꿈을 비몽사몽간에 꾸었다. 그러한 와중에 따스한 기운에 싸여 포근한 솜털 속으로 아주 깊이 가라앉았다.

"젊은이, 이제 정신이 좀 드시는가? 오늘이 벌써 사흘째야……."

"……."

수염을 보기 좋게 가꾼 칠순 됨직한 노인이 인자하게 웃고 있었다.

"여기가 어디죠? 왜 내가 여기에 있습니까?"

"사흘 전에 젊은이가 길 위에 쓰러져 있는 걸 내가 이 방에 들어다 눕혔다네."

"이 은혜를 어떻게 보답하겠습니까?"

"이런 추위에 큰 고생했어. 찬은 없지만 윗목에 상을 봐 놓았으니 밥 먹고 집으로 가시게. 집안 식구들이 얼마나 걱정을 하겠는가……. 다행히 오늘은 날씨가 많이 풀렸어. 참! 젊은이의 옷은 세탁해서 저기 책상 위에 두었어. 그런데 오리털 파카인가 그것은 드라인가 그런 세탁을 해야지. 그래서 그냥 사료 포대에 싸두었네. 자, 나는 오늘 일이 바빠 이만 나가 보겠네. 식사 많이 들게."

노인이 나가고 난 다음 사내는 걸신이 들어 밥을 먹었다. 밥을 먹으면서 생각하니 노인은 자신을 소도둑으로 보지 않는 것 같아 다소 안심이 되었다. 사내는 책상 위에 세탁이 되어 깨끗이 개어져 있는 자신의 내의를 입었다. 바지와 저고리를 입고, 그제서야 여유가 생겨 방 안을 둘러보았다. 밝은 햇살이 비친 조그마한 방은 정갈하게 꾸며져 있었고, 방 안 곳곳에 노인의 형상이 남아 있는 것처럼 감지되었다. 그런 생각이 드니까, 방금 벗은 내의에서 노인의 냄새가 나는 것 같았다.

사내는 사료포에 싼 오리털 파카를 옆구리에 끼고 슬그머니 집을 빠져나왔다. 집의 구조는 벌써부터 익혀두었기에 수월하게 남의 눈을 피할 수 있었다.

사내는 찬바람이 모래를 휩쓸고 얼음 위를 지나가는 강변에 앉아 사료포를 풀었다. 오리털 파카는 쇠똥과 오물이 범벅으로 붙어서 도저히 입을 수가 없었다.

"아무리 추워도 이런 꼴로는 입을 사람이 없을 거야!"

사내는 파카를 다시 사료포에 싸려고 모래밭에 펼쳤다.

"그 영감 제법 유식하네. 오리털 파카 드라이하는 것을 다 알구…….”

사내는 사료포로 파카를 둘둘 쌌다. 그 다음 조금 전에 떠나온 집 쪽을 향해 침을 뱉았다. 사내가 그곳을 떠나며, 무심코 뒤를 돌아다 보니, 하얀 편지봉투 한 장이 떨어져 있었다. 사내는 서둘러 편지봉투 속을 펴 보았다. 봉투 속에서 나온 것은 꾸깃꾸깃 구겨진 돈을 정성 들여 편 만원권 지폐 두 장과 근하신년 축산부국謹賀新年畜產富國이라고 짙은 먹으로 쓰여진 화선지 한 폭이 있었다.

아버지

태풍 월트가 정상적인 진로로 북상한다면, 대만을 거쳐 남해안에 상륙할 것이라는 기상청의 특보가 있었다. 목을 매고 텔레비전 앞에 앉아 있던 무근 씨는 마감 뉴스의 일기 해설자가 일본 근처를 손바닥으로 가리키는 모습을 보고는 마당으로 나왔다.

"이젠, 정말 비는 틀렸구나!"

탄식이 절로 나왔다. 불혹의 나이를 살아오면서 올해처럼 태풍을 기다린 적은 없었다. 태풍 하면 소리만 들어도 그 무서운 자연의 위력에 공포를 느꼈다. 그런데도 별이 총총한 하늘을 보며

"태풍이나마 왔으면……."

하고 마음속으로 빌었다.

수일 내로 비가 오지 않으면 큰일이 날 터이었다. 우사에는 열대야를 넘기려는 젖소들이 도리질치는 소리가 들리고 축사 내의 선풍기 소리와 풀벌레 소리가 어울려 여름밤이 깊어갔다. 밤낮으로 기승을 부리는 불볕더위에 산유량이 급격히 떨어졌다. 뿐만 아니라 더위를 먹은 임신우가 조산을 하였다. 한밤중에 분만우 자궁 속은 땡볕에 세워둔 승용차 속처럼 뜨거웠다. 자신의 몸조차 주체스러운데 새끼까지 지닌 젖소가 애처롭게 느껴졌다. 하지만 조물주께서는 젖소가 더위를 무사히 넘길 수 있도록 조산을 유도하는 모양이었다.

그러나 무근 씨의 깊은 근심은 따로 있었다. 물이 떨어져 가는 것이었다. 십수 년 동안 마른 적이 없었던 지하수가 고갈되었다. 다행히 군청에서 주선한 소방차로 급수를 받고는 있으나 수억 원이나 하는 불자동차를 쓰자니 불편하고 양심이 허락하지 않았다.

"내일은 착정기를 구할 수 있을까요?"

언제 나왔는지 아내가 머리를 만지며 말했다.

"당신이야? 잠이 오질 않는 모양이군. 아버지 방에 모기향은 잘 타고 있어?"

"네, 새벽까진 남아 있겠어요."

"한해 대책용으로 착정기가 열 대나 들어왔다는데 논에 필요한 암반 관정에 동원되고 나한테 올 기회가 없다더군. 불과 며칠 전에

50미터 이상을 파서 6인치 파이프에 백오십 톤을 보장했던 업자들이 이천은 주어야 해준다며 배짱이야."

"그 사람들 더위에 실성했나봐……."

"실성하긴 마찬가지, 내가 그래도 좋으니 물만 콱~콸 나오면 된다고 계약해 버렸어."

"당신 그 돈을 어찌 만들어요?"

"물만 나오면 축협에 가서 구멍을 뚫어 볼 계산이야. 자, 그만 잡시다."

다음날 아침도 붉은 태양이 오르기 전부터 더웠다. 무근 씨가 전날 계약한 업자를 만났더니, 기계 고장으로 암반 관정의 굴착이 불가하다는 핑계를 하였다. 불과 하룻밤 사이에 희망은 고갈되었다. 기진맥진 지쳐서 귀가하니 아내가 죽을상을 해가지고 달려나왔다.

"여보, 아버님과 아이들이 보이지 않아요! 점심 잡수시라며 모시러 간 아이들마저……."

"건넛마을 당숙댁은?"

"가실 만한 모든 곳을 다 찾아봤어요."

"아니, 집 안에 있으면서 뭣해!"

"집에 있으면서 누가 그냥 놀았소? 착유하고, 똥 치우고, 사료주랴, 살림 살랴, 세상 천지에 일 못해 죽은 귀신이 있나, 어디, 말 좀 해봐요. 시부모 모시고 살기는 쉬웠습니까? 왜, 화를 내요? 천날만날 일인데 무슨 호강 한번 했습니까!"

무심코 던진 한마디가 아내의 열을 돋구고 말았다. 싸워본들 아무런 도움이 되질 않는다. 불쾌지수 높은 삼복 중에 부부싸움은 불필요하다. 지금은 아버지를 찾는 일이 급선무이다.

무근 씨는 아내의 창백한 얼굴을 보며, 감나무 가지에서 울어대는 매미 소리가 무척 요란하다고 느꼈다. 가슴속에 치미는 부화를 삭이자 마음이 평정된다.

"당신 고생을 모를 리가 있나, 내가 잘못했어. 그러니 아버지와 애들부터 찾자구……."

"혹시 웃집에 가시지 않았을까?"

부부가 거의 동시에 한곳을 생각했다. 농장 곁으로 새집을 지어 이사한 다음 지붕 수리 정도를 하는 무근 씨의 생가를 웃집이라 불렀다. 지난해 어머니가 돌아가시기 전까진, 팔순의 내외가 살아오신 오래된 집이다. 그곳에서 아버지와 삼촌들이 태어났고, 무근 씨와 그의 아이들도 태어났다. 아버지를 새집으로 모실 적에, 겨우 백여 미터를 이사하시면서 일제 때 살기가 힘들어 간도로 갔다는 삼촌의 이삿길처럼 힘들어 하시던 아버지의 모습이 눈에 선했다. 당신께서 힘들어하시는 사유가 많았겠지만 아마 어머니와의 추억이 발걸음을 더욱 무겁게 하였을 것이다.

"여기에도 계시지 않아요. 어쩌면 좋아. 애들은 어디로 갔을까……."

아내는 안절부절 못한다. 언뜻 동화에 나오는 피리 부는 사내가 생각났다. 그는 쥐를 쫓아준 대가를 거부한 복수로 도시의 아이들을 모조리 데리고 사라져 버렸다. 방정맞은 생각이었다. 고개를 흔들어 털어버린다. 하지만 사라진 아버지와 아이들을 어디서 찾을 것인가, 걱정이 태산같이 밀려왔다. 이런 와중에 허기가 졌다. 졸음도 겹쳤다.

무근 씨는 대청에 누워 잠시 정신을 놓아버렸다. 소싯적 삼촌들과 씨름을 했던 대청이다. 천장의 서까래는 빗물받이 물매를 따라 삼사십도 각도로 경사져 있고 추녀 끝에 귀뚜라미 집이 걸려 있다. 무더운 여름날 이렇게 누워 있을 때, 찬 샘물에 간장을 타 주시던 어머니가 그리웠다. 냉장고가 없던 그 시절 미숫가루, 오이냉국, 콩국수, 찬물에 말아먹는 보리밥에, 시원한 물을 공급하던 샘이 있어서 여름을 얼마나 수월하게 넘겼는지 모른다. 지하수를 개발한 뒤에 까마득히 잊고 있었던 샘을 상기했다. 그러나 이내

'그 우물은 오랫동안 쓰지 않아 마른 지 오래되었어……'

라고 단정해 버렸다. 마치 지난 추억을 되돌릴 수가 없듯이, 바싹 마른 그곳에서 옛날처럼 찬물이 솟아날 리가 만무였다. 그런데도 갈증이 느껴지면 질수록 어머니가 타주시던 미숫가루 맛이 진하게 연상되었다.

무근 씨는 몽유병에 걸린 듯이 잠에 취한 채 뒷동산 자락에 있는 샘으로 갔다.

"아빠! 물이 나와요. 보세요."

비몽사몽간이었다. 어디서 나타났는지 아이들이 플라스틱 바가지에 물을 담아들고 와서 소리쳤다. 그제야 무근 씨는 정신을 차렸다.

"할아버진 어디 계시냐?"

"우물 속에 들어가 계세요."

"거긴 왜?"

"우물을 쳐내시고 있습니다."

"무슨 장비를 가지고?"

"두레박으로 흙을 퍼 올리고 있어요."

"무너지면 어쩔려고, 큰일났다."

무근 씨는 달음질쳤다. 어느 때 판 우물인지 모를 정도로 오래된 우물이다. 오래 전에 동네 아낙들이 여름이면 물을 길러가곤 했으나, 무너질 위험도 있고 하여 뚜껑을 덮어 봉해버렸었다. 그 속으로 아버지가 들어가시다니, 이젠 노망기가 든 모양이었다. 우물이 무너지면 생매장이다. 이 일을 어떡할까, 불효자가 따로 없다는 생각이 들었다.

"이제야 오니? 바깥일은 에미를 통해 이미 들었다. 속상해 할 것 없다."

무근 씨가 가쁜 숨을 몰아쉬며 우물에 도착하니 아버지가 향나무 그늘에 앉아서 땀을 식히며 말했다.

"우물이 무너지면 어쩌려구 들어가셨습니까?"

"네가 땅 뚫는 기계로 판 구멍 땜에 지하 수맥이 막혀버린 거야. 그리고 살아 있는 샘을 왜 숨구멍도 없이 막았니? 아이들이 빠질 위험이 있으면 뚜껑을 덮는 것이 당연해! 그래도 숨구멍 정도는 남겨두었어야 옳지…… 이런 가뭄에 물 날 곳은 여기뿐이다. 점심 먹고 온 식구가 우물을 쳐서 물길을 뚫어보자, 알겠니?"

아버지의 명령은 여느때보다 단호했다.

무근 씨는 아무 소리도 못하고, 아버지가 시키는 대로 우물 속에 들어갔다. 물만 나오면 우물이 무너진들 두렵지 않았다. 무근 씨는 열심히 우물 바닥을 파서 두레박에 퍼 담았다. 깊이가 깊어지니 물이 고이기 시작했다. 시원하고 축축한 기운, 그것은 물길이 가까워졌다는 징조였다. 삽을 든 손길이 빨라졌다.

"무근아, 들리니?"

"네!"

"바닥만 긁어내어야 한다. 벽 쪽을 파면 무너질 위험이 있어, 조심해!"

"네, 알았습니다!"

"여보, 조심하세요."

무근 씨는 물이 배어나오는 바위틈 사이에 삽 날을 꽂으며 대답했다.

그가 삽자루를 지그시 당기니 도시의 대형 송수관이 파열되듯이 물줄기가 터져 나왔다. 그리고 순식간에 하늘이 캄캄해지면서 우물이 무너졌다. 무근 씨는 돌과 흙이 가득찬 다섯 자 깊이의 우물 속을 헤쳐 올라가려고 발버둥쳤다. 시간이 흐를수록 숨이 막히고 온몸이 쪼여왔다. 마침내 손가락 하나 꼼짝할 공간마저 없어졌을 때, 머리 위에 덮인 화이바 두레박에서 대나무를 타고, 아버지의 절규가 가느다랗게 들렸다. 무너진 흙더미와 머리 사이에 화이바가 약간의 공간을 형성했다.

"정신을 차려라, 조금만 있으면 구출한다. 참거라!"

정신이 가물거리는 중에 아버지가 그렇게 말하고 있다는 환청이 들렸다. 이젠 죽는가 보다 생각을 해본다. 아버지와 아이들의 얼굴이 떠오른다. 돌아가신 어머니가 심하게 꾸짖었다. 내가 무얼 잘못했나? 잘 모르겠다. 아내의 얼굴이 기억나지 않는다. 미안한 생각이 든다. 고생만 시켰지…… 그리고는 전깃불이 꺼지듯이 어두운 공간이 느껴졌다.

무근의 아내가 인근에서 묘지를 다듬는 굴삭기를 불러온 시간은 불과 십이삼분 사이였다. 천만다행이란 이 경우를 말하는 것일까. 사고 소식을 듣자마자 달려온 굴삭기 기사는 대나무가 박힌 깊이를 대충 짐작하여 멀리서부터 땅을 파 들어갔다. 소식을 듣고 모여든 이웃 사람들이 흙을 긁어내었다.

"조심! 조심! 옷자락이 보인다."

"천천히 손으로 파 내어라."

먼저 허리가 드러나고 두레박에 덮인 머리가 드러나 보였다.

"아이고, 무근아 정신차려라!"

"여보!"

"아버지!"

"여보게……."

찬물이 얼굴에 쏟아졌다. 몸을 흔드는 바람에 극심한 갈증을 느꼈다. 침을 삼키려 하나 입속에 가득찬 흙 때문에 침이 생기지 않는다. 짜증이 나서 몸을 떨었다. 콧구멍으로 공기가 들어왔다. 누가 입을 벌리고 입을 맞추고 입속의 흙을 빨아낸다. 누굴까? 지독한 담배 냄새가 배인 입이다. 수십 년을 끽연하지 않고서는 니코틴이 그렇게 많이 쌓이지 않을 거다. 우리 마을에서 제일 연세가 많은 사람, 골초. 그러면 누굴까?

"앗! 아버지다!"

어린 시절 장터에서 돌아오실 아버지를 기다리다 잠이 들면 잠결에 아버지의 꺼칠한 수염의 감촉과 담배 냄새가 풍겼던 것을 기억한다. 그것은 '아버지가 왔으니 잠에서 깨어나라'는 메시지였다. 무근 씨의 무거운 눈꺼풀이 열렸다. 희미하게 그를 내려다보고 있는 아버지의 두 눈이 보였다. 겁에 질리고, 근심에 찬 노인의 지친 눈빛, 어릴 적에 잠을 깨우던 밝고 인자한 빛은 사라지고 세파와 고뇌에 지친 아버지의 눈에서 핏빛 눈물이 흐르고 있었다.

-1994년 여름, 한해대책기간에

목욕

X읍에서 양돈업을 하는 수길 씨는 전날 저녁부터 아침까지 꼬박 1~2시간을 분만 돈사에서 보낸 후, 늦게 아침을 먹고 잠자리에 들었다.

일요일이라 아이들은 어디로 놀러갔는지 집 안이 매우 조용했다. 간혹 마루 청소를 하는 아내의 빗자루 소리가 '사각, 사각' 들릴 뿐이었다. 밤새도록 한 마리의 새끼도 놓칠세라 촉각을 곤두세웠던 터라, 이불 속에 체온이 젖어들자마자 바야흐로 꿈속으로 진입하려는 찰나였다. 잠귀가 밝은 수길 씨는 징을 치는 듯한 아내의 목소리에 잠을 깨었다.

3년 동안 계속 순산을 하여왔던 8호 모돈이 전날따라 초저녁 무렵에 새끼를 한 마리 분만하더니 두어 시간 간격으로 띄엄, 띄엄 분만을 하기 시작하여 겨우 7마리의 새끼를 낳고는 아침에야 후산을 하였다. 잠까지 설친 데다가 그렇잖아요 산자수가 적어 기분이 좋지 않은 판에 여자가 큰소리를 질러 대주의 잠을 깨우다니……. 이렇게 생각이 든 수길 씨가 신경질적으로 방문을 열어젖혔다.

“이 녀석아, 목욕비가 어느 애 이름인 줄 아니, 땅을 파 봐라 돈이 나오나, 그래 목욕하러 간 놈이 머리에 비누칠을 않고 그냥 왔어? 돈이 아깝지 않아?”

“목욕탕 아저씨가 쫓아냈어요.”

“왜, 왜 쫓아내어!”

아내와 둘째 아들놈이 한쪽은 빗자루와 쓰레받기를 들고, 한쪽은 비누통을 둥글게 매단 수건을 들고서 마루와 현관에서 서로 대치하고 있었다.

아내는 화가 머리끝까지 올라서 마루를 쓸던 빗자루로 아들의 등짝을 후려쳤다. 마치 야구선수같이……. 순간 아이가 살짝 앉았다. 목표를 놓친 빗자루가 허공을 갈랐다. 몸의 중심을 잃은 아내는 빙그르르 돌다가 애써 신경질을 참으려는 수길 씨를 보았다. 이때,

“헛스윙!”

하며 아들이 어미의 성질을 돋구었다.

“애가!”

다시 빗자루를 치켜들었던 아내는 수길 씨가 잠이 깨어지지 않아 묘하게 찡그리고 있는 표정을 보고는 호-호 웃으며, 빗자루를 내려놓았다.

"너 왜 목욕 않고 그냥 왔지?"

수길 씨가 물었다.

"나랑 석이와 진수가 목욕을 하는데 목욕탕 아저씨가 시끄럽다며, 머리 박아 기합을 주더니 쫓아내었어요."

"아니, 목욕 간 손님을, 아무리 아이들이래도 목욕을 하지 못하게 쫓아내!"

평소 불뚝 성질이 있어 걱정을 하는 아내의 만류를 뒤로하고 수길 씨는 분기탱천하여 아이들을 거느리고 목욕탕으로 갔다.

목욕탕 주인의 말로는 아이들이 너무 소란하게 굴어서 다른 사람들이 목욕하는데 방해가 되므로 종업원이 내보낸 모양 같다며 극구 사과했다.

말 한마디가 천냥 빚을 갚는다 했거늘 수길 씨는 주인의 이야기를 듣고 나니 마음이 풀어졌다.

수길 씨는 기왕지사 목욕탕까지 온 김에 목욕을 하기로 작정하고 뜨겁다며 꽁무니를 빼는 아이들과 함께 온탕 속으로 들어갔다.

따뜻한 물속에 들어간 수길 씨의 몸이 이내 풀어지면서 졸음이 몰려왔다. 일요일 한낮이었으나 탕 속에는 손님이 없어 조용했다. 수길 씨는 졸음을 못 이겨 욕조에 기대어 스르르 잠이 들었다. 수길 씨가 잠이 들자 아이들은 모두 온탕을 빠져나갔다.

얼마나 잤을까. 잠결에 누군가가 수길 씨의 머리를 물속에 처박았다.

꿀꺽! 목욕탕 구정물을 삼킨 수길 씨는 눈앞에 벌어진 광경에 아연실색하였다. 세 녀석이 목욕탕 안을 온통 수라장으로 만들어 놓고선 물놀이를 하고 있었다. 물통이 모두 탕 속에서 둥-둥 떠다녔다. 조금 전 수길 씨의 머리를 물속에 처박은 것은 녀석들이 수길 씨의 머리를 밟고 지나간 때문이었다. 아이들이 지르는 괴성과 물소리에 수길 씨는 기가 막힐 지경이 되었다.

오죽했으면 손님을 쫓아내었을까. 몇 번쯤 주의를 주던 종업원의 심정을 이해할 수 있을 것 같았다. 먹고살기가 바빠서 아이들의 교육에 소홀했던가 싶었다. 그렇다고 그냥 둘 수는 없었다.

"야! 이 녀석들아, 학교에서 공중질서도 배우지 않았어?"

수길 씨는 대갈일성하고, 아이들을 시켜 흐트러진 목욕탕을 말끔히 정리하였다. 그리고 내 자식 남의 자식을 막론하고 볼기를 한 대씩 걷어올린 뒤 물에 불은 때를 셋 다 밀어주었다. 수길 씨는 녹초가 되어 목욕탕을 나왔다. 든든한 세 건아들의 호위를 받으며…….

이날 밤, 수길 씨는 한 읍내에 살면서 모르며 지냈던 석이 아빠인 문호판 씨와 진수 아빠 최형균 씨의 방문을 받았다.

아이들을 앞세우고 찾아온 두 사람은 이구동성으로,

"놈이 얼마나 별나던지 목욕탕에서 쫓겨난 일이 이번 한 번이 아닙니다. 씻을 때 때가 가마솥에 누릉지처럼 나왔죠……."

하면서 송구해 하였다.

수길 씨의 아내는 손님 접대를 위하여 부엌을 분주히 드나들었다. 큰방에는 어른들이, 작은방에서는 아이들의 친구들이 도란도란 이야기하고 간혹 큰소리로 웃었다. 돈사에서는 어미돼지가 새끼에게 젖을 주느라 젖 빨리는 소리가 꿀꿀꿀 들렸다.

사돈

"우동 한 그릇 후딱 말아 주시오!"

"네, 잠시만 기다리세요. 따끈하고 구수한 특미 우동을 금방 올리겠습니다."

사십줄에 들어서 보이는 사내가 연탄불에 곰장어를 구우며 대답했다. 붉게 이글거리는 연탄불빛에 반사된 사내의 얼굴 표정은 말씨와는 달리, 무척 퉁명해 보였다. 사내는 능숙한 솜씨로 곰장어를 토막 치더니 고추장을 두어 숟가락, 양파와 파를 숭숭숭 한 움큼 썰어 넣고 갖은 양념을 버무려 석쇠에 끼운 다음 타지 않게 아래 위로 돌려가며 굽게 시작하였다.

윤노인은 곰장어 특유의 냄새를 맡은 뒤, 군침이 돌고 뱃속이 쓰렸다. 종심從心(일흔살)을 넘긴 후부터, 젊은 시절에 많이 한 술탓으로 공복시에는 뱃속이 쓰리는 횟수가 늘어났다. 화를 내거나 속상할 적에 속 쓰림은 더욱 가중되었다.

우동이 말아질 때까지 포장마차 내에서부터 한강변을 둘러보았다. 옆자리의 젊은 남녀가 두 홉들이 소주를 주거니 받거니 하고, 강 건너 대한생명 고층 빌딩으로 오르내리는 고속 승강기의 불빛이 보였다.

윤 노인은 아무리 생각해 보아도 서울사돈이 야박하고 괘씸하다는 생각뿐 도무지 이해를 할 수가 없었다. 사돈은 고사하고 아들놈과 며느리는 어떤가.

"아버님, 저녁은 잡수셨습니까?"

저녁답에 서울역에 내려, 겨우 찾아낸 지네들의 집인데 첫인사가 "저녁 먹었냐"는 것이었다. 예전에 형편없이 못살던 시절에 '아침 드셨습니까, 식사하셨습니까?' 하는 인사가 있긴 하였지만, 요즘 세상에 하고 많은 인사 중에 '저녁' 인사가 첫인사라니……. 윤 노인은 매우 난감하였다. 그래서 엉겁결에 대답했다.

"내가 너무 시장해서 열차칸에서 파는 김밥을 먹었더니 저녁 생각이 별로 없구만. 그래, 집안은 모두 평안하시고 사돈 영감님도 건강하시고?"

"네! 그럼 커피 한 잔 준비하겠어요."

박사 출신의 며느리답게 진퇴가 총알처럼 빨랐다.

"아나, 아기야 잠깐, 여기 마른 조개와 건어물을 가져왔다. 애비가 술 먹은 다음날 고춧가루를 얼큰하게 넣고 해장국을 끓여 주거라."

"아버님, 고춧가루는 위장에 좋지 않아요. 그이는 결혼 후 고춧가루가 들은 음식을 먹지 않는답니다."

"그래, 요리사 네가 식성대로 하렴."

윤노인은 무안해졌다. 평소 자신이 자주 먹지도 못하면서 가져온 해물 때문에, 무언지 모르는 거부감과 낭패감에 안절부절못하였다.

윤노인은 하루종일 버스와 열차에 시달린 관계로 온 전신이 노곤하고 졸음이 억수로 몰려왔다. 막내의 퇴근까지 기다리느라 죽을 지경이었다. 그런데 막상 돌아온 아들은 저녁을 밖에서 먹고 왔다면서 몇 마디 의례적인 인사를 하고 서재로 들어가 버렸다. 윤노인은 빈속에 마신 커피가 위 점막을 핥고 지나가는 통증에 누워 있던 자리에서 벌떡 일어났다. 아들네 집에 온다며 점심까지 설친 데다, 빈속에 마신 커피 한 잔은 독약은 아니래도 과히 사람을 죽여줄 정도의 위력이 있었다. 언뜻 창가에 무성하게 자라고 있는 새파란 화초들을 소가 되어 덥석덥석 씹어먹고 싶었다.

처음 서울로 아들을 장가 들인다고 했을 때, 이웃에 사는 사돈이 하시던 말씀이 귓속에서 생생하게 재생이 되었다.

"사돈, 못살긴 혀도 아직도 시골 인심이 사람답습니다. 집에다 승용차랑 사무실까지 차려준다고 장가 잘 들이는 것인 줄 아시면 큰 착각입니다. 고생 고생하면서 공부시켰더니 뭡니까. 요즘처럼 농촌경기 엉망일 이런 시절에 애비 좀 도와주면 어디가 덧납니까? 자식도 품에 있을 때 말이지, 그렇고 그렇게 키운 어려움을 알려 하다가 장가만 들고 나면 사람이 바뀌어 버리니 말입니다. 우리 집 둘째 잘 아시죠? 이젠 저희 형제끼리 아예 내놨어요. 인정머리가 쏙 빠져나가고 넋 빠진 몸이 되어 버렸습니다. 도대체 그렇게 가르친 적이 없는데, 맹목적으로 물질의 노예가 되어가고 있는 것 같아요. 사돈, 지난번에 선 보았던 재 너머 낙농목장 김사장 딸아이가 어찌해서 마음에 들지 않습니까? 내가 생각하기엔 모든 조건이 지금 맺으려 하시는 처자보다 나았으면 나았지 모자라지는 않은 것 같습니다. 단지 돈이 모자라는데 돈이야 아들이 좋은 직장에서 잘 벌지 않습니까. 그 댁은 사람 하나만 보고 능히 딸애를 시집 보낼 수 있다고 합디다만, 우리 군내에 그만한 처자가 어디 있어야 말이죠."

사돈은 자신이 겪은 경험 때문에 윤노인의 아들을 서울로 장가 보내려 하자 간곡히 만류하였다.

'그때 사돈의 말을 들었담, 요 모양 요 꼴이야 되지 않았을 터.'

윤노인은 공연히 화가 치밀었다. '에이' 하고는 서울사돈이 준 양담배를 어두운 창밖으로 내던져 버렸다. 결혼식장 폐백실에서 잠깐 본 이래 첫 대면이건만 비슷한 연배에 자기도 소주 한 컵 정도 할 듯한 바깥사돈이 저녁은 고사하고 입다심조차 없이 매큼하게 혼자 방에 들어앉은 윤노인에게 딸을 시켜 주안상 정도 준비해 오라는 말조차 할 수 없는 사돈이라니. 고작 양담배 한 갑으로 인사에 가름하고 촌로의 예방이 귀찮은 표정을 짓다니, 윤노인은 후회가 물 끓듯 하였다.

마을회관보다 더 넓은 거실에 걸린 전자시계가 10시를 알릴 때, 윤노인은 허기를 참지 못하여 아들의 집을 나왔다.

"아버님, 이 밤중에 어딜 가십니까?"

"요 앞 아파트에 고향 친구가 혼자 사는데 내 거기서 오늘밤에 이바구하면서 잘련다."

윤노인이 가방을 들고 살며시 집을 나서니까, 며느리가 앞을 막았다. 윤노인은 여러 말 하기 싫었다. 아들은 잠이 든 모양으로 애비가 가출을 시도하는 줄 모른 채 코빼기조차 보이지 않았다.

"아버님, 친구댁에 가실려면 이 돈으로 무얼 좀 사가지고 가세요."

언제 준비한 돈인지 며느리는 만원권 지폐 두 장을 외투 주머니에 잽싸게 넣었다.

"내일 아침에 식사하러 꼭 오셔야 합니다. 건어물로 시원한 국을 끓여 놓겠어요."

"오냐, 문단속 잘하고, 애비와 바깥사돈한테 친구집에 갔다는 말을 해라. 밤늦게 미안하다."

하고는 꽃샘추위가 한강을 얼어붙이는 강둑으로 나왔다. 며느리가 만들 해장국은 다음날 아침 일이고 우선 뱃속이 비어 죽을 지경이었다. 온몸이 덜덜 떨렸다. 길가의 포장마차에 체면, 나이 무시하고 민생고부터 해결하려고 들어섰다.

"어르신네, 우동이 식습니다."

"아니, 벌써 우동이 되었나? 고맙네."

윤노인은 허겁지겁 우동줄기를 빨아들였다. 세상에 살면서 6 · 25사변 때 피난길 외에는 이처럼 허기를 느낀 적이 없었다.

"한 그릇 더 말아 주시게!"

윤노인은 시장기가 쉽게 사라지지 않았다. 우동 한 그릇을 더 시켜 이번엔 첫 그릇보다 천천히 우동줄기를 삼켰다. 어느덧 수증기와 성애같은 안개가 눈앞을 가렸다. 닭똥집을 손보는 포장마차 주인의 얼굴이 희미하게 보였다. 손자들이 이야기해 준 서울쥐와 시골쥐 동화가 연상되었다.

"어르신, 고춧가루를 너무 많이 넣으셨군요! 요즘 땡초 가루를 쓰니까 모두들 눈물을 흘려요……."

포장마차 주인이 더운 국물을 한 쪽 부어주면서 말하였다.

윤노인은 집으로 내려가리라 작정했다. 자식에게 체면 때문에 밥 달라는 소리조차 못한 자신이 한심했고, 어쩌면 착한 며느리를 나쁘게 만든 게 아닌가 하는 회의가 일었다. 그러나 마음 한구석에서 '공부만 잘하면 뭘해, 대궐 같은 집이있으면 뭐하노! 내가 자식을 옳게 교육시키지 못했으니' 이런 생각이 들었다. 간혹 심술기가 있는 시골사돈이 보고 싶었다. 아무리 늦은 밤중이어도 군소리 한 마디 없이 밥상을 차리는 늙은 아내와 며느리와 딸년이 새삼 그리웠다.

윤노인은 서울역 앞 공중전화에서 아들네 집으로 전화를 걸었다.

"아기야, 내가 깜박 잊었는디, 내일이 우리 면 농협조합장 선거야. 내가 총대이고 빠지면 큰일이야. 사돈어른과 애비에게 밤열차로 고향에 내려갔다고 전해라!"

"아버님, 열차 좌석이 없을 텐데 내일 아침 일찍이 가시고 집으로 오세요."

"좌석이 없으면 입석이 있잖니, 걱정 말거라!"

윤노인은 '이 없으면, 잇몸으로 살지' 하는 소리가 목구멍에 걸리는 것을 애써 참았다.

며느리와 꿀벌

G면의 김원장이 경영하는 동물병원은 개설한 지가 30년째다. 면소재지에서 관공서와 학교 건물을 제외하고는 건물의 규모나 외면에 있어서 따를 곳이 없다.

과장이 좀 있으나 5일마다 다가오는 장날이면, 간혹 임신부나 복통 환자가 느닷없이 문을 열고 들어오는 통에 진짜(?) 병원으로 모신다고 진땀을 뺄 적도 있었다. 누가 보아도 환축을 다루는 동물병원으론 손색이 없게 설비되어, 가히 개업수의사들의 모범이 될 것은 말할 것 없다.

김 원장은 지난 정월에 막내며느리를 보았다. 그리고 막내며느리가 집안 실정을 익힐 때까지 당분간 시집을 살리기로 하여, 거북스럽고 귀여운 며느리와의 생활이 시작되었다.

한데, 김원장에게는 한 가지 큰 문제가 생겼다. 바깥사돈이 딸네 집을 방문한다는 전화가 온 것이다. 실제로 문제는 바깥사돈의 방문에 있는 게 아니라 방문전화를 받은 그날 늦게 일어났다.

그날은 아카시아꽃 향기가 가득 차고, 봄볕이 아지랑이 사이로 눈부시게 비추며 온갖 꽃과 나무들이 신록을 자랑하는, 봄이 농밀한 날이었다.

뒤뜰엔 꿀벌이 붕-붕 바쁘게 아카시아꽃의 꿀을 나르느라 여념 없었고, 홀스타인 암소는 봄철 향기로운 풀로 멋진 우유를 만드느라 쉬지 않고 반추하며 꼬리를 흔들었다. 돈사에 있는 버크셔 자돈들은 까맣고 예쁜 털을 윤내려, 시멘트 담벼락에 등줄기를 비벼대었다.

김원장은 점심을 먹고 나서 10여 통의 벌통에서 꿀벌들이 부지런히 옮겨놓아 넘치고 있는 아카시아 꿀을 뜨기로 하였다.

"아버님, 진짜 꿀을 뜨시는 거예요?"

도시에서만 자란 며느리는 망사포 두건을 쓰고, 연기가 나는 통을 든 시아버지의 모습이 무척 신기했다. 꿀을 뜨는 광경을 가까이서 보고 싶었으나 활주로를 이착륙하는 것과 같은 벌들의 위세에 눌려 멀리서 묻기만 했다. 그녀는 너무나 생소한 농촌의 봄 정경이 궁금하고 재미있다는 생각이 떠날 줄 몰랐다.

시간이 흘러, 마지막 남은 한 통의 뚜껑을 열 적에는 땅거미가 내리기 시작했다.

며느리는 시어머니와 함께 텃밭에서 솎은 상추와 풋고추, 생마늘에 양념된장을 버무려 놓고 저녁상을 준비하여 시아버지를 기다렸다.

"아가야, 니 시아버지 식사하러 오시라 하여라!"

"네, 어머님!"

며느리는 상냥하게 대답했다.

날은 저물어 채밀기 속으로 빨려들어 부딪치는 벌의 동체 소리가 툭툭 들렸다. 김원장은 다음날로 미루면 될 일을 건드린 것을 후회하며 채밀기를 부지런히 돌렸다. 집을 찾지 못한 벌들이 화가 잔뜩 나서 어두워지는 뜨락을 배회하고 있었다.

"아버님, 저녁 잡수셔요."

며느리는 멋모르고, 어두워진 나무그늘에서 채밀기 작업에 열중한 시아버지를 모시러 갔다.

"애야, 거기 섯거라! 내 곧 가마! 벌들이 화가 잔뜩 났으니 조심해!"

하는 순간이었다. 김원장은 며느리의 비명을 들었다.

성난 꿀벌들이 노도처럼 며느리한테 달려들었다. 쏘는 놈, 무는 놈, 씹는 놈, 며느리는 땅에 주저앉아 버렸다.

놀란 집안 식구들이 달려와 야단법석 끝에 며느리를 방으로 옮겼을 땐, 벌써 양볼과 이마가 부어올랐다. 암모니아수를 바른 뒤

가까스로 놀란 가슴을 진정하자,

"영감, 저 얼굴로 사돈은 오시는데 어쩝니까? 사돈이 딸의 얼굴을 못 알아보면 우째요……."

하는 사모님의 질책이 따랐다. 김원장은 며느리가 애처롭고 안쓰러웠고 한편으론 면목이 없었다. 이런 판국에 아들까지 퇴근하여 집에 오자마자,

"호박이 통째로 들어왔군, 그렇잖아도 미용을 위해 봉침 맛을 좀 보여줬으면 했어, 참 잘 되었어."

한다. 사면초가는 이러한 상황을 말하려나. 김원장은 전전긍긍 끝에 사실대로 사돈에게 이야기하리라 작정을 했는데…….

드디어 다음 날 바깥사돈이 딸네 집에 왔다. 뒤뜰에 평상을 놓고, 사돈끼리 정답게 마주 앉아서 이런저런 세상 돌아가는 이야기를 하며 주기가 도도해졌다. 바깥사돈은 주기가 오를수록 자주 부엌 쪽으로 시선을 돌린다. 이유야 뻔하다. 친정아버지가 찾아온 지 무려 몇 시간이 지났건만 목소리는 들려도 코빼기가 보이지 않는 딸아이가 무척 보고 싶어서였다. 하는 수 없이 김원장이 사실을 이야기하려는 때에 곱게 차려입은 며느리와 아들이 뒤뜰로 들어섰다.

찬 샘물에 전날 뜬 향기로운 아카시아꿀을 타 내온 며느리가 이렇게 말했다.

"아빠, 벌에 쏘이면 신경통이 생기지 않는답니다. 여기 이 꿀물

은 저희 아버님이 뜨신 진짜 꿀을 탄 것이여요. 이 이마랑 볼에 난 혹은 꿀벌이 저들의 식량을 내가 도둑질하려 오는 줄 알고 쏜 것이죠. 진짜 꿀은 제가 보장해요……."

하더니

"아빠, 그래서인지 저도 이렇게 호박처럼 많이 건강해졌어요!"

한다. 며느리는 남편이 호박처럼 부풀은 그녀의 모습을 보고 농담한 걸 가지고, 이를 진실로 알고서 시아버지의 체면을 세우려 그렇게 말했다.

김원장이 며느리의 마음을 모를 턱이 없었다. 일순 사돈의 표정이 환해졌다.

정말 유쾌한 술자리였다. 활짝 핀 아카시아꽃이 떨어져서 뒤뜰에 때 아닌 흰 눈밭을 만들고 있었다.

옻나무

언제부터인가 사내에서는 '옻나무'라는 말이 해질녘 땅거미처럼 스멀스멀 나돌았다. 심부장의 회사는 동물약품을 생산하는 회사인데, 옻나무로 무슨 약품의 제조를 하는 것도 아니고 그렇다고 정원이나 인근 공장지대에 옻나무가 심어져 있는 것도 아닌 관계로 사원들은 '옻나무'가 무엇을 뜻하는지 모두들 무척 궁금하게 생각했다.

식물도감을 보면 옻나무는 낙엽 고목으로 줄기에서 나는 수액을 '옻'이라 하는데 이 옻을 도료로 쓰고, 한방에서는 약재로 쓰인다고 되어 있다. 그러나 대부분 사람들은 이러한 좋은 용도보다는 불결한 선입견을 갖고 있었다.

심부장 또래의 사람들이 어린 시절, 산에 오르면 사시장철 제일 걱정스러운 일은 뱀에 물리는 것과 옻을 타는 것이었다. 그래서 옻나무라면 먼저 속살피부가 가렵고, 발적되는 증상부터 상기한다.

심부장이 퇴근시간을 몇 분 남겨놓고 새로운 사업계획을 검토하는 중에 전화벨이 울렸다.

"심부장, 서무과장이 저녁에 시간 좀 내어달래. 다른 약속 없어?"

입사동기인 생산부장의 전화였다.

"서무과장이 왜?"

그는 평소 서무과장과는 그렇게 친밀한 자리를 가져본 적이 없었으므로 저녁식사 제의에 다소 의아한 생각이 들었다.

"글쎄, 뭐 다른 특별한 일이 있을라구. 그 옻나무가 자네에게 옻이라도 옮길까봐 겁나는가. 하하하."

"아니, 옻나무는 뭐고 옻은 뭐야?"

"자네 아직까지 그 소리를 듣지 못했나? 나도 젊은 사원들에게서 들었네만은, 꼭 서무과장을 칭하는 건 아니라네. 요즘 총무이사가 새로 부임한 후부터 회사 내에서 '철새', '사꾸라', '해바라기', '장승', '옻나무' 이런 말들이 유행된다더군. 물론 은어나 유언비어와 유사한 거지만……."

"그런 말은 남을 시기할 때나 모함할 때 쓰였던 용어가 아닌가. 아직까지 그런 투로 남을 비방하는 사람이 있다니 한심하군. 좋아,

저녁에 함께 만나세."

생산부장의 전화를 끊고 나서 생각해 보니, 몇 가지 나름대로 짚히는 게 있다. 회사에서는 각종 취미서클 활동을 사원복지의 일환으로 후원하고 있었다. 골프, 낚시, 등산, 테니스, 마라톤, 바둑, 꽃꽂이, 지점토, 탁구 등 여러 종류의 서클이 회원들에 의해 운영되었다. 그런데 최근 이 서클 활동에 큰 변화와 이상한 잡음이 일어나기 시작했다.

사장의 처남인 총무이사는 부임하자마자 차기 사장설이 나돌았다. 총무이사는 바다낚시에 프로급이었다. 따라서 주말이면 릴과 쿨러를 점검하는 사원들이 차츰 늘어났다. 테니스 코트에는 지난 겨울에 남아 있는 발자국에 수북이 돋았던 잡초가 그대로 있었다. 모두들 증권을 사듯 릴낚시를 투매投買했다. 또한 총무이사는 막강한 인사권을 갖고 있었다. 종전에도 윗사람의 취미에 따라 취미활동이 다소간의 변동도 있었지만, 이번 경우는 좀 심할 정도였다. 이대로 가다간 전 사원이 바다로 달려갈까봐 걱정하는 사람이 있을 정도였다.

"바다낚시 상쾌합니다. 그 스릴, 쾌감 말도 마십시오. 넓은 바다와 싱싱한 생선회 일품이죠."

서무과장은 만난 목적을 뒤로 미룬 채 바다낚시를 애찬했다.

심부장 자신 역시 바다낚시를 즐겼다. 근간에 와서 일에 몰두하다 보니 자연히 잊고 있을 뿐이었다. 내심 서무과장의 이야기에 동조하면서 한켠으로는 '저 사람은 사원 시절에 바둑, 대리적엔 테니스, 과장 시절 처음에는 등산, 이제 낚시, 못하는 게 없구만. 다음에 가질 취미는 뻔해. 누군가 그만한 실력자가 있으면 그 사람의 취미가 서무과장 자신의 취미로 될테니' 이렇게 생각하였다.

"두 분께서 양해하신다면 오늘 두 분 부장님을 모시게 된 동기를 말씀드리겠습니다. 그것은 다름이 아니고 부장님 두 분의 탁구시합에 저희 부부가 끼어도 되겠는지를 묻고 싶어서입니다."

"탁구시합에 우리가 선수로 나간 적이 없을텐데 그게 무슨 말이예요?"

"아이 참, 토요일 오후에 두 분의 부부가 한 게임씩 하시지 않았습니까?".

"그걸 어떻게 알았지요?"

"다 아는 수가 있습니다. 며칠 전 제 처가 동창회에서 두 분의 사모님을 만났을 때, 이번 토요일에 탁구 한 게임을 약속했다고 합니다. 알고 보니 세 사람이 동기동창이었어요. 제 처는 테니스 선수였는데 우린 도민체육대회에서 만났죠."

"서무과장은 무슨 운동을 하셨습니까? 못하는 게 없는 모양이예요."

생산부장은 무언가 비꼬는 투로 물었다. 사실 심부장 역시 당황했다.

어느 해인가 친정에 다녀온 부인이 동창생 중에 한 사람은 생산부장의 부인이고, 또 한 사람은 대리급 직원의 부인이라는 말을 한 적이 있었다. 그때 심부장은 그까짓 직원의 거처를 확인해 볼 필요가 있을까 싶어서 건성으로 듣고 부인의 이야기를 귓전에 흘려보냈다. 그런데 바로 그 사람이 몇 년 후 서무과장이 되어 자신의 정체를 나타내었으니, 심부장은 뒤가 켕겼다. 그의 청을 거절할 만한 묘안이 떠오르지 않았다. 그의 청을 수락했다.

토요일 오후에 3쌍의 부부는 탁구게임을 마쳤다. 그리고는 모처럼 땀을 흘린 뒤라 시원한 맥주를 마셨다.

심부장은 자신이 서무과장의 술수에 빠져들고 있다는 찜찜한 감정이 남아 있었다. 생산부장조차 아무 말 않고 술만 연거푸 들이켰다. 탁구 실력은 서로 비슷비슷하였다. 다만 서무과장의 부인이 한 수 위인 것 같았다. 그녀는 학창시절에 도민체육대회에 나갈 정도의 실력이니 스매싱에서 커트까지 단식에선 그녀를 이길 사람이 없었다.

"얘, 네 남편 얼굴에 기미 좀 봐. 일이 고된 모양이야. 약 좀 해 드려야겠다. 왜 있잖니. 원주 우리 친정집에서 나는 '옻' 말이야."

"아직까지 '옻' 이 나니?"

"그럼 너, 여름방학에 내가 옻을 먹고 옻이 오른 거 보았지?"

"그래."

"지금 봐. 나야 애기를 셋이나 낳았지만 이날까지 잔병 한번 앓지 않았다."

"니네 친정아버지가 한의원이 아니니. 그러니까 네가 건강하지."

"옻이 그렇게 좋은지 몰랐네."

생산부장의 부인이 놀랐다는 표정을 지었다.

"우리 그이는 요즘도 간혹 옻을 먹는다. 총각 시절 직장 다니며 야간대학 다니느라 몸을 많이 상했는데 옻 먹은 뒤부터 몸이 좋아졌어. 새로 오신 총무이사님을 따라 낚시하는 일이 여간 힘들지 않는 모양이야. 하루종일 바닷바람에 시달리고 술을 곤드레만드레 마시곤 다음날 아침 무슨 재주로 출근을 하겠어. 그것이 가정과 자신을 위하는 길이래. 윗사람 눈에 들어야 되는 건 필연적인 조건이니, 몸이 부서지도록 뛰어야 겨우 현 위치에서 낙오하지 않는다는 고집이야."

부인들끼리 이야기를 나누는 동안 술잔만 비우던 서무과장이 불쑥 말했다.

"두 분은 명문대학을 나왔지만 저야 야간대학을 겨우 나왔잖습니까. 믿을 만한 소식통에 의하면 총무이사님이 사장으로 승진하시고, 두 분 중 한 분이 총무이사로 승진내정이 되었답니다."

"금시초문인 걸. 심부장은 뭘 알고 있었나?"

"아니, 나도 처음 듣는 소리야."

심부장은 생산부장이 총무이사에 오르려고 정치를 한다는 정보를 입수했었다. 물론 심부장 자신은 그냥 있는 것이 아니었다. 그도 이사가 되기 위해 부단히 노력하는 중이었다.

"저야 어찌 부장까지 오르겠습니까. 못 오를 나무 쳐다보는 격이겠죠. 하지만 우리 사회에서 개인의 능력보다 무슨 학교, 무슨 고향이 그렇게 중요한가 봐요. 저야 이제 겨우 과장까지 오르면서 온갖 노력을 해봤습니다. 이러한 나를 회사 내에서 사꾸라나 옻나무라며 멸시하는 사람들이 있는 모양입니다. 심지어 한술 더 떠서 슬슬 피하는 사람조차 있어요. 두 분 부장님, 제가 이 소외감을 무엇으로 극복하는 줄 아세요? 남의 배 이상 열심히 일하는 거죠. 옳은 양심을 가지고 관찰해 보면 위의 사람 비위 안 맞추는 사람 있습니까? 그런 사람 있으면 나와보라고 하세요!"

심부장은 그의 말이 구구절절 옳다는 생각이 들었다. 그렇지만 심부장은 회사의 일급 인사정보를 소상히 알고 있는 그가 갑자기 두려워졌다. 경계해야겠다는 생각이 들었다. 그제서야 옻이 오른 듯 벌겋게 술이 오른 심부장은 부인의 귓속에 대고 비장하게 말했다.

"당신, '옻' 인가 그것을 나도 먹게 해줘. 잘못하면 총무과장과 내가 같은 부장급에 있을까 두려워."

앞으로 남고, 뒤로 모자라기

문호 씨의 처남이 갈비집을 개업하는 날이다. 어딜 가려면 항상 꾸물대던 그의 아내가 꼭두새벽부터 칠보단장七寶丹粧에 귀걸이까지 달고는 포터의 시동을 걸어둔 채 소리쳤다.

"뭐 하세요? 빨리 나오지 않고……."

"조금만 기다려, 참말로 어렵네."

문호 씨는 모처럼 매어보는 넥타이라 몇 번을 매고, 풀고 했지만 목 부분이 도무지 마음이 들지 않았다. 목을 옥죄는 거북한 감각이 혈압을 올리고 있었다.

"이건 꼭, 송아지 모가지에 굴레를 씌우는 것 같군……."

"대충 하고 나오세요!"

거울을 보니 현관에 버티고 서 있는 아내의 모습이 영판 처남과 닮았다는 생각이 들어 피식, 웃음이 나왔다. 특히 지금처럼 못마땅한 표정을 지어 보일 때는 남매가 한 혈통임을 속이지 못한다. 처남의 찡그린 표정, 그것은 딸부잣집 5번 타자로 태어난 외동아들이란 환경 때문에 아주 자연스럽게 형성된 것이리라. 기분이 좋지 않으면 나타나는 모습, 안면 근육이 입 쪽으로 오그라들며 말미잘의 형태를 이룬다. 입이 마음속을 바깥으로 표시하는 모니터와 같은 역할을 한다. 처갓집의 온 식구들은 처남의 입 모양에 따라서 바다 속의 해초처럼 이리저리 파도에 흔들리며 살아왔다. 처남이 성장하고 난 그 후에도 그의 가족들은 여전히 말미잘 같은 그의 입을 보며 살고 있었다. 정확히 말해서 처남의 입이 그날의 일기예보와 같았다.

문호 씨가 본 가장 잘된 말미잘 입은 수년 전 그가 갈비집을 인수할 적에 보인, 처남이 강력한 반발력을 구사할 때였다. 뒤에 알게 되었지만, 처남의 꿍심은 따로 있었다. 자신이 요리장으로 봉직하는 갈비집이 어떤 사정으로 팔리게 되었다. 매형은 갈비집 경영에 관심이 있는 모양인데 인수계획에는 동의한다(사실, 갈비집 매매건의 정보는 처남이 제일 먼저 문호 씨에게 전해 주었다). 허나, 매형이란 위인은 갈비집 경영에 적합한 인물이 아니다. 소 키우는 일이 제격인데 갈비집은 어림없다. 그러니 누님이 매형을 설득하여 처남한테 사업자금을 꾸어주는 셈치고 갈비집을 인수하되 경영은 손 떼라는 것이다. 그러면 꼭 성공해 보일 터인즉, 나를 밀어달라, 이 일은 누님이 가문의 명예를 걸고 반드시 해결해 주어야 된다. 이런 기회가 드물다. 온 집안이 나를 밀어라, 처남은 출사표를 던졌다.

하지만 문호 씨의 생각은 달랐다. WTO 협상, FTA 등 농축산물의 수입이 개방되어 가뜩이나 기반이 취약한 축산농가들이 우루루 무너질 이 판에, 최근에는 수입 쇠고기의 시장 점유율이 반 이상을 넘어 우리의 한우는 종족의 유지조차 어려워지고 있다. 이런 시점에 갈비집에서 싸다는 이유로 수입 쇠고기나 수입 부산물을 쓴다면, 정작 한우는 소비자로부터 잊혀지고 동물원에나 가서 볼 수 있을 날이 올지도 모른다. 따라서 순수한 우리 한우 고기 맛을 보여주는 업소가 많아야 한우가 살아남는다. 결론은 이젠 축산농가도 소비자와 최일선의 관계인 판매단계까지 가 봐야 된다는 지론이었다.

갈비 하면 전국적으로 소문난 G읍에 문호 씨의 갈비집 개업으로 돌풍이 불었다. 몇몇 업소는 경영상 또는 일신상의 사유로 휴 · 폐업을 신고하고 우리는 한우만 쓴다는 업소가 늘어났다. 업소들은 서로 감시하며 행여 다른 업소에서 한우고기 외 다른 고기를 쓰는가 촉각을 곤두세웠다. 이 시기에 손님들은 영문도 모른 채, 한우고기 맛을 만끽했다.

어느 날, 업주들의 모임에서 문호 씨를 초대했다. 갈비집 운영에 서로 협조하자는 취지였다. 한우 외에 다른 갈비나 짜집기를 이용하지 않으면 집세, 인건비, 전기료, 수도료 등등 각종 비용과 마늘, 풋고추, 상추, 파, 양파, 당근, 오이, 된장, 간장, 설탕, 메추리알, 땅콩, 고춧가루, 참기름……, 갖가지 재료값을 도저히 당해낼 재간이 없다는 아우성이었다.

"무슨 말씀! 수입고기가 한우의 씨까지 말리는 작금에 우리 입에 맞는 한우고기를 계속 공급하여야 축산농가들이 살아남을 것 아닙니까? 소 먹이는 사람이 없어지면 갈비집인들 오래 갈 것 같아요? 소비자들이 수입육에 길들면 외국의 육가공업체와 식당업계가 대거 상륙할 겁니다. 밀을 보십시오, 생산기반이 붕괴되어 수입하지 않고서는 라면 하나 못 만들죠, 한우라구 예외가 될까요? 그 지경이 되면, 갈비집도 수입될 꺼 뻔합니다. 이런 실정에 무슨, 귀신 씨나락 까먹는 소리들을 하십니까!"

문호 씨는 격분해서 소리쳤다. 정부나 축산단체가 들었으면 좋겠다는 생각을 하면서 평소 느끼던 울분을 털어 놓았다. 소 키우는 사람은 곰이고, 유통 · 판매업자는 되놈이라는 모순을 타파하기 위해 생산자가 판매까지 관여하자는 실천 강령을 평소 한우회원들에게 주장했었고, 자신이 직접 실천해 보이는 중이었다. 이러니, 업주들은 오히려 듣기 싫은 설교를 들은 꼴이 되고 말았다. 설득은커녕, 뗄려던 혹을 더 붙인 결과였다.

그러나 그들의 눈엣가시로 등장한 문호 씨는 여전히 소를 키우고, 그의 소는 최고 등급으로 팔려 나갔다. 또한 그의 갈비집은 항시 종합병원의 복도처럼 대기하는 손님들로 붐볐다. 축산농가에서 출하된 한우가 지방 육류유통센터를 통해 매일 몇 마리 꼬박 꼬박 운반되었다. 이렇게 되니까 사업상 위기감을 느낀 업주들의 모임은 급기야 비상 수단을 강구키로 하였다. 대책을 요약하면 다음과 같다.

첫째, 문호 씨의 갈비집은 육질개선제를 쓴다는 루머를 흘리자는 안이었다. 하지만 이 안은 대부분 반대했다. 왜냐하면 잘못하면 자신들까지 피해를 볼 우려가 있다는 견해였다. 둘째 안은 그 집에는 사실상 한우를 그렇게 많이 쓰지 않는다는 소문을 내자는 의견이었다. 중국의 고사를 보면 저잣거리에 호랑이가 없는데도 세 사람만 같은 말을 하면 호랑이가 있다고 되어버리는 것과 같은 맥락이다.

처음에는 매우 타당한 아이디어로 박수가 나왔다. 단지, 이 안을 내어놓은 당사자가 곰곰이 생각하니 위험천만이므로 취소하자고 했다. 이유인즉, 그랬다가는 호랑이는 고사하고 또, 문호 씨의 한우가 갈비집 마당에 나타날 불상사가 발생할 것이 뻔하다는 말이었다. 얼마 전 누군가 이런 모함을 한 끝에 문호 씨와 한우회원들이 소비자들을 직접 농장, 도축장, 주방을 견학시켜 주고 뜰에 잘 비육된 한우를 매어 놓은 사례가 있었다. 홍보 효과는 대단했다. 모든 업주들이 뼈아픈 경험을 잊을 리 없었다.

별 묘수는 나오질 않고, 소주와 담배만 한정없이 비워졌다. 아무런 공통분모를 발견 못한 모임은 여느 모임들이 그러듯, 임원진에게 골치 아픈 대책을 일임하고 싱겁게 해산하였다.

“앞으로 남고, 뒤로 모자라기.”

임원진에게 개발한 회심의 대책, 현재 문호 씨의 주방장과 은밀히 모의하여 추진하고 있는 계략이 있었다. 이 계략을 더 발전시켜 최후의 승리를 거둔다는 ‘엑스’ 작전이 진행되었다.

“우리 집부터 들렀다 가세요.”

문호 씨의 갈비집 종업원들이 인사했다.

“앞집 개업일 잘 도와드렸니?”

“그럼요, 준비 다 끝내주었습니다.”

“네가 고생이 많았다.”

대학에 두번 떨어진 죄로 일찌감치 군대를 마치고 나서, 더럽게 괴팍한 외삼촌의 밑에서 주방일을 배운 큰아들이 위생모를 쓴 채로 인사했다. 문호 씨는 아들의 손을 잡았다. 칼질로 인해 굳살이 박힌 손바닥이 마치 참나무를 쥐는 감촉이다. 부자간의 투박한 손이 마주치니 장작 비비는 소리가 들렸다.

처남이 분가하여 개업한 갈비집은 축하객으로 가득했다. 원조 갈비집, 압록강, 무슨 강이란 이름의 갈비집과 가든들 그리고 예성각, 판문각, 촉석루, 수원성 등 문화제 이름의 업소와 언양, 안의,

진영, 전주, 논산, 현풍 등 지명에다 집을 붙인 갈비집 주인들이 빠짐 없이 참석했다.

고기도 먹어본 놈이 역시 잘 먹었다. 갈비집 주인답게 잘도 먹고 마셨다. 술이 한 순배 돌고 난 뒤 누군가 건배를 제의하였다. 오늘의 주인공인 문호 씨의 처남이 술잔을 높이 들었다.

"제가 독립하여 개업하도록 도와 주셨으며, 오늘날까지 저를 키워주시고 보살펴 주신, 매형을 위해 건배를 들고자 합니다. 저의 부모님과도 같으신 매형을, 위하여!"

문호 씨는 일어서서 어색한 절을 꾸벅 하고 모두에게 술잔을 들어 보인 후 자리에 앉았다. 썩 하고 싶은 말도 없고, 좌석의 주인공이 처남이라 생각되어 침묵을 지켰다. 그런데, 처남의 이야기가 가관이었다.

"처음 갈비집을 인수할 적에, 매형께 내가 운영하도록 도와 달랬더니 손톱만큼도 생각하는 기색이 아니었습니다. 오기가 나더군요. 소나 키우지 무슨 갈비집 운영이냐, 나는 주방장 십년에 사장되는 게 소원이다. 남도 아니면서 죽은 놈 소원도 들어주는데 왜, 산 사람 소원을 거절하느냐! 이런 생각을 자나깨나 되새겼습니다. 그때, 업주들 대표가 술 사고 용돈을 주면서, '백사장 갈비집 곧 손든다. 그러면, 자연히 주방장의 손에 떨어진다. 내가 시키는 대로만 해라. 사장이 망해야 너도 사장할 기회가 있다. 그러니, 갈비 양을 늘여가지고 막 퍼 주라. 앞으로 남고 뒤로 모자라면 망하는 것은 시간 문제다' 라는 책략을 일러 주었죠. 그대로 실천했습니다. 갈비, 상추, 양념들을 넉넉히 주었는데, 최근에는 더 퍼주라는 메시지가 추가로 전달되어, 진짜로 망하는 집구석에 머슴 밥이나 많이 준다는 식으로 갈비뿐만 아니라 고추, 땅콩, 무엇이든 간에 양껏 퍼주었죠……."

아니, 이게 무슨 소리냐? 좌중은 원자폭탄을 맞은 것처럼 쑥밭이 되었다. 여기가 고해성사하는 성당도 아닌데 왜 저런 소리를 하지? 모든 사람이 입을 다물고 쥐 죽은 듯한 정적이 흘렀다. 속들이 타는지 담배 연기가 자욱했다. 양심에 가책을 받는 사람도 있었다.

"야! 너, 거기서 꼼짝 마!"

문호 씨가 분노를 참지 못해 소리쳤다.

"당신이 좀, 참아요!"

문호 씨는 아내가 바짓가랑이를 잡아 당기는 통에 처남놈의 멱살을 잡으려다 주저앉았다.

사료비 독촉에 못 이겨 축협이고 농협이고 미친듯이 헤매고 다닌 자신의 모습이 눈에 선했다. 그뿐인가, 예취기에 잘린 손가락을 들고 병원으로 달려간 사건과 비육우에 발등이 밟혀 울었던 기억들이 너무나 생생했다.

"아 글씨! 손님들이 우찌나 몰리는지 오줌 누고 아래 볼 시간이 없었습니다. 다른 집들에 비해 민망할 지경이었죠. 다들, 이제 저 집 망한다 생각할 텐데, 손님이 줄을 이었습니다. 내 딴에는 내 요리 솜씨가 좋기 때문에 성황을 이룬다 자부했습니다. 한데, 착각이었습니다. 손님들의 여론은 우리 집 고기맛이 최고라는 칭찬이 자자했죠. 매형과 한우회 여러분들이 땀과 정성을 다해 기른 우리 한우가 손님을 끌었던 것입니다. 거기다가 막 퍼주었으니! 돈 많이 벌었죠. 앞으로 남고 뒤로도 남은 일이 아니겠습니까! 매형……."

아까운 갈비가 타고 있다. 갈비도 소의 일부다. 그래서인지 연기가 너무 매웠다.

항구

항구는 흔들리는 어항 속처럼 술렁거렸다. 크고 작은 고깃배가 운집한 부두는 구둣방 진열장에 널려진 신발들을 연상케 한다. 어둠은 물빛에서부터 차오르고 전마선의 흔들리는 모습이 한눈에 보일만치 주위는 차츰 흑갈색으로 채워져 갔다. 등불에 번쩍이는 수면, 우중충하고 검은 도크에 오른 선박의 뱃대기, 물속에 가려졌던 치부가 드러난 배의 모습은 여름철 햇볕에 구이지 않은 해수욕복에 가려졌던 부분이었다.

바닷가에서 갯내음을 접하며 올망졸망 술집들이 있다. 죽순 같은 건물들 사이에 도로가 있고 도로 위엔 키를 알 수 없는 인간들이 서양장기의 말을 담아둔 상자마냥 이리저리 휘몰리고 있었다.

검은 매연의 차량 행렬은 인간들이 지녀야 할 최소한의 자리마저도 비집고 들어가서 기계 속에 인간들은, 숨차고, 객담이 자꾸만 생기는 이유를 거담제를 먹으면서 잊으려 한다. 항구도 거리도 모두가 울렁거렸다.

"정형, 이젠 내려갑시다."

권형이 반쯤 꺼져가는 소리로 불렀다. 실컷 구토를 한 줄 알았는데 말을 마치자마자 또 컥컥 숨이 막혀 바둥거린다.

나는 내 동을 두드릴세라 심사하여 그의 등을 두드렸다. 그가 다시 손가락을 사용하여 온갖 아니꼬운 하루를 쏟아 낼 동안 나는 12층 옥상에 주저앉았다. 도시는 불빛만 환할 뿐 보이지 않지만 항구의 커다란 타워가 모표 속에 세워 두었던 권병장의 그것을 연상케 한다.

"그래, 그땐 무척이나 힘찼지……."

나는 피식 웃었다.

"기상!"

다섯 시 오십구 분에 불침번이 잠자는 내무반을 건드리면, 대안등 아래 벽난로를 끼고 누웠던 권병장과 나는 졸병들이 볼세라 모포를 말고 벽난로 위로 오른다. 그곳엔 우리 둘이 그리다 남은 달력의 ×표가 오늘 또, 하루를 채우려 기다린다. 제대 날짜를 까먹는 일이란 지루하면서도 재미있었다.

"이제 삼구 이십칠, 스물일곱 그릇"

일요일이 끼었으니 라면 한 그릇 빼고 도합 스물여섯 그릇의 짬밥이면 이 몸도 고향 앞으로-. 그리고 나팔수에게는

"야! 딴따라 니가 일분 일찍 나발을 불었기 때문에 연대병력이 일분씩 잠을 못 잤으니 우짤래? 그 많은 시간을 변상하고 싶어?"

권병장은 계산이 빨랐다. 밥그릇 수에서 취침시간의 총계까지…….

페치카 위에 누워 주번 사관이 죽일 듯 험히 인상을 그려도, 등불에 그을린 천장을 본 채, 항구의 타워처럼 그것을 모포 속에서 세우고, 내가 밀어붙여도 허리조차 움츠리는 일 없이 그는 차라리 나를 무안케 했다.

"야, 내 몇번 이랬노?"

권형은 손가락을 입속에 넣었다 빼며 물었다.

"아마 똥물까지 울렸을 거요."

그제사 그는 시원하다는 듯 고개를 들고 이 주머니 저 주머니를 뒤지더니 구깃구깃 구겨진 손수건을 내어서 입술을 닦았다.

"거 참 좋다!"

권형과 나는 12층 옥상에서 배뇨를 했다.

"온 도시에 주의 은총이."

"온 인종들에게 골고루 한 방울씩."

"아주 공평하게 많이 갖는 놈도 없고 모자란 놈도 없게……."

극장의 간판엔 여인이 숨이 찬듯 입을 벌리고 있었다. 누더기로

때운 극장 지붕 아래로 사람들이 흡수되어 간다. 그 속에선 간판의 여인이 입을 벌린 장면이 나오리라. 간판엔 등을 보인 남자가 그려져 있다. 우리의 취기도 이젠 순해졌고, 난 차라리 와글대는 인간들 사이에 섞이고 싶었다. 거리를 바라보는 것은 이제 싫증이 났다. 고층빌딩에서 느끼는 인간에 대한 소외감이 나로 하여금 아직 남은 취기를 잊게 한다.

"계단으로 갈까? 엘리베이터로 갈까?"

이구동성으로 양자 선택의 제안이 나왔다. 오를 적에 승강기를 사용하여 12층을 너무나 쉽게 올랐기 때문에 우선 내려가는 방법은 거의 한 가지로 낙찰되어 있다시피 했지만 나는 갑자기, 조금이라도 빨리 인간들 사이에 섞이고, 그들의 냄새를 맡아보고 싶어서 엘리베이터의 버튼을 눌렀다.

권형은 아직 정신이 몽롱한지 투덜대며 내 뒤에 섰다.

"아무리 생각해도 너무 빨리 올라와서 싱겁단 말이야……."

권형이 갖는 12층의 수치는 우리들이 승강기로 오르고, 내리는 사실만으로도 불만이었다.

"도대체 모든 것이 너무 빨리 끝나 버린단 말이야……."

"빨리 이루어진 일이 빨리 끝난다 하여 그것이 뭐 큰 잘못인가?"

"그러니까 계단을 이용하자 – 이 말씀이야."

권형은 내 등에 뺨을 붙이고 보채는 아이같이 흥얼거렸다.

팔층, 구층, 십층, 십일층에 불이 켜지더니 곧 문이 열리고 빈 승강기에 엘리베이터 걸이 혼자서 우리를 기다렸다. 나는 취기가 올라 그녀가 빨리 오르라는 말을 할 때까지, 그녀의 얼굴을 보면서 멍히 있었다. 앳되고 귀여운 모습이었다. 그 얼굴과 입김이 닿을 거리에서 마주보다니……. 가슴이 뛰었다. 행여 누가 볼세라 얼른 권형을 등 뒤에 붙인 채 승강기에 올랐다.

"몇 층?"

그녀가 기계적으로 물었다.

"땅까지."

십층에서 세 명, 구층에서 세 명, 팔층에서 싸롱손님 일곱 명 도합 열여섯 명이 눈 깜빡할 사이에 성냥갑 속에 가득 들어찼다. 권형은 내 앞으로 서고 등 뒤엔 엘리베이터 걸이 더운 입김을 내 등판에 뿜고 있었다. 발을 붙일 곳이 없다. 나로선 아가씨와의 접촉면이 넓어져 더 잘된 일인지 몰라도 열 명 정원에 여섯 명이 초과한 승강기가 이상한 소리를 내더니, 육층을 지나서 멈추었다. 그녀가 버튼을 이것저것 다 눌러보아도 문을 열려고 해도 기계는 말을 듣지 않았다. 승객도 아닌 그녀가 당황했다. 좁은 콩나물 시루 속은 물이 마른 듯 술렁인다.

"야! 서울행 관광호 차시간이 다 되었다."

싸롱에서 나온 손님이 제일 먼저 용건을 내었다.

"아가씨, 그 어찌 빨리 못 고치나. 여기 모두 바쁜 사람들인데…….”

나는 하마터면 “우린 시간이 남아예” 할 뻔했다. 우리에겐 승강기 속이든 버스 속이든 포장마차이든 시끄러운 다방이든 어디든 상관이 없었다. 그렇지만 다른 곳에선 우리의 자유의사가 인정되었지만 승강기 속은 그렇지 못하여 답답했다.

“소변이 마려워 –.”

누군가 실례를 무릅쓰고 괴로운 심정을 털어 놓는다. 그 인상, 그는 완전히 빨아놓은 우거지상이다.

“×할, 외상술값 몇푼 때문에 오늘 저녁 장사는 잡쳤네.”

가슴에 18번을 단 아가씨가 중년신사의 바지고름을 잡은 채 불평했다.

“이것 좀 놓고, 누가 도망가나.”

“기왕 초저녁 장사는 조져 놓은 걸. 오늘 봉이나 물은 셈치고 잡고 있을 테니 창피당하고 싶지 않으면 가만 있어요!”

“비상구가 있을 텐데…….”

중년사내가 퉁명스럽게 뱉었다.

그녀는 잠자코 있었다. 분명히 열쇠 꾸러미는 들고 있으나 어떻게 할 바를 몰랐다.

대연각 화재 때 생각이 난다. 이건 분명히 찜통이나, 보일러 속에 굽히는 고기 신세다. 차라리 계단을 이용하는 건데…… 십이층 오르내리는 승강기에 비상 탈출구를 모르다니 말이 안돼. 다시 다시는 엘리베이터를 타는가 봐라－.

적어도 십 분은 흐른 것 같았다. 모두들 지쳤는지 아무도 입을 여는 사람이 없다. 성냥갑 속은 사람들이 내뿜는 탄산가스와 산소와의 밸런스가 차츰 무너져 가고 모두들 조금씩 호흡에 어려움을 느끼고 있었다.

"아무개야!"

가죽잠바 사내가 갑자기 여자애 이름을 부르며 얼굴을 감싸고 주저앉았다. 승객들은 영문도 모른 채 서로 남의 발등 위로 올랐다. 가죽잠바의 웅크리고 앉은 면적 때문에 우리들의 발을 내려놓아야 할 평면적은 축소되었다.

"아저씨, 왜 그래요?"

18번이 물었다.

"지금 마누라는 딸 일곱에 하나 더 보태고 팔공주가 될지도 모르니, 아들! 오, 아들!"

"여보슈, 당신 딸자랑은 그만 좀 하고, 그 좀 일어서요. 내 원 발이 공중에 떠 있어요."

"남이사 앉아 있든 말든 무슨 참견이요, 내 자윤데!"

"자유? 자유 좋아하네. 기리니께니 팔공주지……."

"이 사람이!"

"이 사람이라니?"

"누구 약 올리나!"

"약 올리다니……."

비좁은 승강기 속엔 가뜩이나 호흡이 곤란한데 두 사람이 열을 올려 싸우자 승객들은 저마다 불평을 던졌다. 마침내 정적이 찾아왔다.

그러나 우리들이 도대체 어떤 곳에 존재하고 있는지, 또는 이 건물이 화재나 나지 않을까 하는 막연한 불안감보다도 우선 호흡의 곤란이 먼저 우리를 엄습했다. 천장에 달린 간장 종지만 한 환기통이 그 기능을 다할진 몰라도 열여섯 명이 필요로 하는 산소를 공급한다는 것은 불가능했다.

'호흡' 누군가 흉식호흡을 하자 너도나도 질세라 허파 속의 탄산가스를 뱉고, 그것을 다시 마시고, 마치 어항 속 금붕어마냥 공기를 배가 부르게 마시려 들었다. 어항 속의 금붕어같이…….

"여보, 그 숨 좀 작게 쉬어요. 당신 혼자만 살거요?"

"그래요, 우리 공기를 절약합시다!"

권형이 거들었다.

자그마치 이십오 분을 우리들은 승강기 속에 갇혀 있었나 보다. 누구 하나 이곳을 빠져나갈 참신한 아이디어를 내지 못하고 이대로 시간이 가면, 관광호나 외상술값이 문제가 아니고, 딸 여덟이 문제가 아니고, 엊저녁이 우리 모두의 제삿날이 될지도 모른다는 불안이 나로 하여금 용기를 갖게 한다.

'승강기의 문, 문을 열자. 지가 안 열리고 배겨. 문을 열려면 우

선 손가락이라도 들어갈 자리를 마련해야 한다'

나는 구둣주걱을 문틈에 끼워 조금 비틀어 보았다. 권형이 내 의도를 눈치채고 우리 둘은 마주 서서 힘껏 문을 당겼다. 이때 문이 주먹만큼 열렸으나 승객들의 발등을 밟는 아우성에 우리 둘은 기겁을 하며 문을 놓았다.

승객들은 죽을 때까지 그것이 남의 일인 양 두고만 보고 있을 참이었다. 문을 열고 나간다는 것은 물질문명이 첨단을 질주하는 현세대에서 인간이 가질 수 없는 상황이며 전기의 힘으로 여닫는 승강기 문을 사람들이 어떻게 맨손으로 연단 말인가? 승객들은 너무도 문명적이고, 너무나 과학에 복종하는 순한 양들이다. 경동맥을 절단하여도 반항하지 않을 그러한 양이었다.

하지만 나는 순한 양은 되지 못한다. 비록 시간의 부식을 기다리며 어딘지 모르는 곳에서부터 연륜만큼 내 육신이 지워져 간다 하여도 나는 참을 수 없었다. 답답했다. 내가 흘리고 다니는 시간은 막연히 양들이 가지는 시간이 아니라는 사실이 고개를 쳐들었다. 이 거대한 불의에 도전할 힘이 쏟는다.

"권형, 한번 더 해봅시다!"

엘리베이터 걸은 책임감과 산소의 결핍으로 거의 쓰러지기 직전이었다.

"에라!"

권형과 나는 훌쩍이는 승객들을 밀어붙이고 승강기의 문을 힘껏 열었다. 비어진 틈으로 괴괴한 찬 공기가 승강기 속으로 몰려들었다. 반쯤 열린 승강기는 오층 출구의 1/3가량에 머물러 있었다.

언제부터 구조작업을 했는지 빌딩관리원 몇이 출구에서 무슨 이야긴지 열심히 하다가, 승객들이 개구멍 빠지듯 승강기를 빠져 나가자 질겁을 하고는 출입문을 열어주었다.

모두들 얼마나 바빴던지, 계단으로 몰려가고, 처음처럼 셋이만 남았다.

"땅바닥에 내려 주어요!"

겨우 의식을 회복한 그녀에게 내 육신을 부탁했다. 4층, 3층, 2층, 1층 불빛이 하강하고 그녀는 언제 그런 일이 있었냐는 듯 팔짱을 낀 채 한 손을 사용하여 출입문 버튼을 눌렀다. 바쁘게 뛰어내린 승객들이 그제사 일층에 도달했다. 그리곤 수훈의 용사, 생명의 은인(?)들에게 '씹다, 달다'는 말 한 마디 없이 제각기 갈 곳으로 흩어졌다. 마지막 남은 우리를 아래로 하고, 승강기의 불빛은 이층, 삼층 다시 상승했다.

12층에서 용무를 마친 줄 알았던 나는 이상스럽게 뒤틀리는 속을 달래지 못하고 빌딩 현관에서 물총같이 아니꼬움을 쏟아내고 있었다. 너무나 쉽게, 그리고 너무나 괴롭게 쏟아내고 있었다.

양치기의 옷

"아빠, 이 동화책을 읽어주세요!"

새봄이 오면 초등학교에 다닐 둘째 딸이 책상에서 축산경영일지를 정리하는 장수산 씨에게 동화책을 가슴에 안고 수줍은 표정으로 부탁했다. 해가 바뀌기 전에는 감히 엄두도 내지 못했던 용기였다. 암되고 내성적이어서 낯이 선 사람 앞에 나서지 못하고, 심지어 아빠에게도 부끄러움을 타는 낯가림이 심한 아이였다.

"여보, 당신의 그 좋은 목소리로 동화책을 읽어주시면, 우리 가족 모두가 동화 속의 나라에 가 볼 수 있을 거예요. 어서 읽어보세요."

수산 씨가 머뭇거리자, 모처럼 낸 딸의 용기를 살리려고 아내가 재치 있게 끼어들었다.

지난가을에 새로 설치한 보일러 덕분에 방 안은 아늑했다. 밝은 조명 아래 네 식구가 각자의 일에 몰두해 있는 밤이었다. 딸애는 생전처음 시도한 용기가 어떻게 받아들여질까 의문을 가지고 엉거주춤 서 있었다. 수산 씨는 축산경영일지를 덮고 아이를 안았다. 젖 먹을 때 안아본 후로 무척 오랜만이었다. 신선하고 선량한 내음이 어느 틈에 성장하여 유아기를 잘 넘겼구나 하는 느낌이 들었다. 수산 씨는 아이가 내미는 동화책을 받아들고 큰 소리로 읽었다.

양치기 목동이 임금님이 되었는데, 이 임금님이 귀중하게 감춘 보물을 신하들의 성화에 못 이겨 보여준다는 줄거리였다.

"아빠, 임금님은 왜? 헌 양치기 옷을 숨겨가지고 있었을까요?"

딸애가 질문했다.

"그래, 나도 그 점이 궁금하단다."

임금님은 양치기 시절을 숨기고 싶었기보다는 간직하려는 의도가 더 강했을 것이라는 생각이 들었다. 지난날의 고난을 잊지 않음으로써 절대 권력자인 임금의 지고지선한 새 생활에 대한 절제가 가능하다는 목적을 지녔을지 몰랐다. 그러나, 또 다른 관점은 옛날 그 시절에 대한 향수, 임금의 생활이 아무리 화려하지만 결코 양치기 시절처럼 자유를 누릴 수 없는 노릇이니, 이러한 뜻에서 헌 옷가지를 숨겨왔을 것이라는 귀결도 할 수 있었다.

"아빠의 생각으로는 사람은 말이다, 임금님과 같은 높은 사람이 되더라도 어렵던 시절을 잊어서는 안된다는 교훈이 담긴 동화라고 본다. 우리 공주님이 아직 어려서 잘 이해를 못하겠지만, 잘 기억해 두길 바란다. 자, 이젠 잠자리에 들어야지……."

"네, 아빠 안녕히 주무세요."

딸애가 잠들고 난 후, 수산 씨는 보일러가 들어오지 않는 옆방으로 건너갔다.

비워둔 방이라 찬 공기와 퀴퀴한 내음이 가득 차 있다. 벽을 더듬어 형광등 스위치를 올리고 오래된 옷장을 열었다. 자신이 살아온 과정을 기념한 앨범과 학교 졸업장, 성적표 등 자질구레한 물건들이 가득 쌓여 있었다. 수산 씨는 그 물건들 사이에서 비닐로 겹겹이 포장한 보퉁이를 들고는 찬 방바닥에 앉았다.

보퉁이를 푸니 캐시밀론 남자 내의가 드러난다. 내의를 들어 냄새를 맡아본다. 나프탈렌과 세제의 내음과 함께 십년 전 내의를 준 한 사람이 기억난다.

그해 겨울은 유난히 추웠다. 영하의 기온도 계속되었지만, 첫딸을 낳은 수산 씨의 아내는 불기운 없는 찬방에서 이불과 체온의 힘으로 버티었다. 해산바라지를 해 줄 사람조차 구할 형편이 못 되어 수산 씨가 끓여준 미역국을 먹었다. 스물두 평의 우사에 붙은 단칸방에서 그가 체감한 추위는 온 세상이 다시 빙하기로 들어가는 것 같은 착각이 들 정도였다. 해산한 아내나 송아지를 낳은 암소나,

이 추운 겨울을 넘기려면 먹을 것이 필요했다. 가난은 나라님도 어쩔 수가 없다지만 사흘 굶어 도둑질 아니할 놈 또한 없었다.

수산 씨는 산을 넘어 얼음이 꽁꽁 언 강을 건넜다. 마을 어귀에서 밤을 기다려 쇠똥 냄새가 풍기는 집을 찾아들었다. 그런데, 재수가 너무 없었다. 하필이면 잠이 없는 노인네의 소를 노렸다. 인기척을 느끼고 숨는다는 것이 구유 아래였다.

"이 소가 물을 왜 이렇게 남겼누."

하면서 노인은 찬물을 퍼부었다.

복지부동, 수산 씨는 노인이 뿌리는 쇠오줌과 정화조에 고인 물까지 꼼짝없이 뒤집어썼다. 그리고 시간이 지날수록 상황이 더 나빠졌다. 수산 씨의 몸은 동태가 되었다. 물에 젖은 머리카락이 얼며 서로 당기는 통에 두피가 벗겨지는 통증이 엄습했다. 손과 발은 이미 감각이 없었다. 정신이 몽롱했다. 아내와 갓난아이가 떠올랐다. 노인은 숨쉴 틈을 주지 않고 시간차 공격을 해왔다. 생전처음 시작한 소 도둑을 포기해야 할 찰나였다.

"어르신, 살려주십시오!"

수산 씨는 노인의 방 앞에서 자신이 소도둑임을 잊고 추위에 지쳐 쓰러졌다.

"당신 혼자서 뭐 하시는 거예요!"

"어? 아직 안 잤어……."

"내일 새벽에 우시장엘 가려면 잠을 충분히 자 두어야 되는데, 아니 그 옷은 뭐요?"

잠옷 차림의 아내가 수산 씨를 현실로 돌아오게 하였다. 찬 방바닥에 오래 있어서 추웠다. 이빨이 부딪치며 그날 밤의 추위가 되살아났다.

"내일 어딜 좀 다녀올 곳이 있어. 이유는 가급적 묻지 말고 좀 늦게 와도 걱정하지 마. 김씨 일하러 오면, 퇴비사에 로다를 가지고 들어가서 축분과 톱밥을 여러 번 뒤집으라고 말해."

"그러죠. 한데 지금 그 내의는 어디서 나왔어요?"

아내는 집요하게 내의의 출처를 물었다.

설명하기가 어렵다. 소도둑을 나섰다가 오히려 소 주인의 신세를 진 일을 어떻게 설명한단 말인가, 참으로 난감했다. 그러다가 딸애에게 읽어준 동화책의 내용이 잠재의식 속에 자리잡고 있어, 무심코 '임금님의 양치기 시절 옷이야!' 라고 대답했다.

수산 씨가 우시장에서 소를 팔고 기억을 더듬어 간신히 찾은 그 집은 많이 변해 있었다. 노인이 거처하던 외양간 건물은 헐리고 개방식 톱밥우사가 덩그렇게 자리를 잡았으며, 호맥이 새파란 사료포 안쪽으로 아담한 한옥이 저녁 햇살을 받고 있었다.

"무슨 일로 오셨습니까?"

수산 씨가 차를 세우고 두리번거리는데 우사에서 일하던 중년 사내가 작업복에 묻은 사료를 털면서 물었다.

"말씀 좀 여쭙겠습니다. 혹시 이 자리에 사시던 노인장이 어디 계신지 알 수가 있을까요?"

"아하! 저희 아버지를 말씀하시는군요. 그런데 무슨 일로?"

"자제 분이십니까?"

"네, 찾아오시기는 바로 오셨습니다만 계시지 않습니다."

"외출 중이신가요?"

"아닙니다. 지난 연말에 돌아가셨습니다."

"돌아가시다니……."

수산 씨가 낙담을 하는 모습이 너무 측은했는지 노인네의 아들이 오히려 그를 위로했다.

수산 씨와 노인의 아들은 서로 통성명을 하였다. 소를 키우는 사람들이라 쉽게 경계심을 풀고, 같은 회원이나 오랜 이웃처럼 허심탄회하게 대화를 나누었다. 수산 씨의 방문 목적을 다 들은 그가 안내한 곳은 노인이 쓰시던 방이었다.

수산 씨가 노인의 사진 앞에 내어놓은 것은 10여 년 전 겨울 동사 직전의 소도둑에게 준 캐시밀론 내의와 한 비육우 한 마리 값이었다.

"이 많은 돈을 우리가 받을 수가 있겠습니까?"

"어르신이 주신 노자를 갚고, 저를 살려주신 은혜에 결초보은하는 길입니다."

"영문도 모르면서 이런 경하할 일이 있다니……."

"그러고 보니, 아버님이 생전에 부탁하신 말씀이 기억납니다. 어디에 있더라……."

노인의 며느리가 장롱을 뒤지더니 색깔이 바랜 내의 한 벌을 찾아내었다. 수산 씨가 소도둑질할 적에 입었던 옷이다.

"요즘 화학제품 내의를 입는 사람이 없습니다. 이 옷들은 아버님 49제 때 저희들이 불태워 보낼테니 두고 가십시오."

"아닙니다! 양해하신다면 두 벌을 다 제가 보관하겠습니다."

"하기는, 유길준이 입었던 옷도 세월이 흐르니 문화재 가치가 있더군요."

수산 씨가 작별 인사를 하고 화물차의 시동을 걸었을 때, 노인의 아들이 한지에 싸인 물건을 차창으로 밀어 넣었다.

'무언가?'

무척 궁금했다.

수산 씨가 마을이 보이지 않는 장소에서 차를 세우고 한지를 풀었다. 찬 모래 바람이 유리 위를 덮고 지나갔다.

한지를 푸니 짙은 묵향이 배인 화선지가 나왔다. 수산 씨는 차의 시동을 끄고, 긴 화선지를 길가의 땅바닥에 펼쳤다.

그곳에는 '축산보은畜産報恩'이라는 큰 글이 있었고, '혜존惠存'하고는 성명 석 자가 들어갈 여백이 비워진 다음 노인의 함자와 낙관이 찍혀 있었다.

노인은 수산 씨가 다시 올 것을 믿고 기다리고 있었던 것이었다. 모래 바람이 멍하게 강가를 응시하는 눈앞을 지나갔다. 눈이 시렸다. 울고 싶은 마음이 치밀었다. 아무도 보지 않는 강변에서 수산 씨의 통곡 소리가 강바람에 흩어졌다.

난산難産

'며느리는 요즈음 무슨 생각을 하고 있을까?'

K읍 동물병원의 김원장은 만삭이 다 된 막내며느리를 볼 적마다 이러한 의문을 갖는다. 날씬하다 못해 바싹 야윈 며느리의 모습을 보며 과연 저렇게 약한 몸으로 어떻게 아무 탈 없이 아이를 낳을 것인가 걱정이 되었기 때문이다. 처음 사돈집에서 선을 볼 때부터 '몸이 너무 약해서 출산에 어려움이 따를지 몰라' 하는 우려가 뇌리를 스쳤으나 인연이 되어 며느리로 한집안 식구가 되었고, 만삭이 되기 전까지는 이러한 생각을 까마득히 잊고 있었던 터였다.

이제 김원장은 며느리를 보면 털썩 걱정이 앞섰다. 그래서 옛

시아버지들은 며느릿감을 선볼 적에 저녁답 물동이를 이고서 부엌으로 들어가는 뒷모습을 유심히 관찰했었다. 오늘날처럼 인공분만술이나 제왕절개술이 존재하지 않았던 옛 시절에는 출산은 생명과 같은 비중을 가졌고, 며느리를 고를 적에 출산까지의 과정을 선견한 마음을 새삼 이해할 수 있었다.

그런데 설상가상으로 김원장의 걱정을 가중하는 사건이 일어났다.

그날은 삼복더위의 마지막인 말복이었다.복더위를 피해 마을 앞 냇가에 차일을 쳐 놓고 오후 늦게까지 친구들과 천렵에 열중하던 김원장은 목부장이 다급히 부르는 소리에 막 잡은 은어를 놓칠 만큼 가슴이 덜컹 내려앉았다. 이 틈에 은어는 쪽대의 그물을 빠지더니 맑은 물속에 그림자를 숨기면서 잽싸게 도망쳤다.

"원장님, 큰일이 났습니다. 진통을 시작한 지 오래되었는데도 태아가 잡히지 않습니다."

목부장이 숨이 넘어가는 소리로 말했다.

"아니! 이 사람아 그게 무슨 소린가?"

"9호 초임우가 오늘 분만할 날이지 않습니까……."

"참, 오늘이었지, 그러면 내가 가봐야 되겠구나. 며느리가 이상이 있으면 산부인과로 갈 것인데 내가 공연한 걱정을 하였구만……."

김원장은 며느리 걱정을 하여 애써 생포한 은어를 놓쳤지만 젖소가 분만을 한다는 목부장의 이야기를 듣고는 다소 안심이 되었다. 그렇지만 젖소의 난산은 큰일이었다.

김원장의 농장에는 오십여 두의 착유우가 있었다. 그중에 초임우인 9호가 며느리와 출산 예정일이 비슷하여 김원장은 조물주께서 너무나 어려운 시험을 치르게 하시는구나 이렇게 생각하고 있었다. 김원장이 분만처리 준비를 하여 축사에 들어서며 언뜻 보니 며느리가 부엌 모퉁이에 서서 걱정에 찬 표정을 짓고 있었다. 김원장은 며느리에게 무어라 한마디 하여야겠다는 생각을 하였으나 무슨 말을 할 것인지 쉽게 떠오르지 않아 그냥 축사로 들어섰다.

분만우는 개구진통을 시작한 지 서너 시간이 경과했지만 출산을 못하고, 기진맥진해 있었다. 태아의 체위가 종배위로 되어 있어 목부장이 손을 넣어 발목을 잡으려고 애썼지만 목과 등만 만진모양이었다.

"원장님, 태아의 발을 잡을 수가 없었습니다. 뭐 걸릴 게 있어야 잡아당기죠……."

목부장이 곁에서 이상하다는 투로 말했다.

"등이 산도를 향해서 그래. 그것보다는 태아의 심음이 없어. 좀 일찍 알려주었으면 좋았을 걸, 사산이야! 다음에는 이상 분만으로 생각되면 반드시 나를 불러요!"

"네, 하지만 저도 할 만큼은 시도했습니다."

김원장이 다소짜증을 내니 목부장은 볼멘소리로 대답했다.

어미소는 오랜 진통 끝에 더 이상 만출할 힘을 잃고 있었다. 거기다가 상상외로 큰 태아를 갖고 있어서 초산의 협소한 산도를 통과하기조차 어려운 상황이었다. 김원장이 태아를 정상 위치에 고정하고 가까스로 로프에 걸었을 때는 말복 더위가 가라앉아 시원한 바람이 부는 자정녘이었다.

막내며느리는 밤늦게까지 불이 켜져 있는 우사 창문을 바라보며 낮에 보았던 임신우를 생각했다. 초저녁 잠이 깊은 시어머니는 한밤중 잠이 들었고 남편으로부터 숙직 근무라는 전화가 온 지도 두어 시간이 경과한 시간이었다. 그녀는 자신의 배를 보면서 초산우가 걱정이 되어 잠이 오지 않았다. 시아버지의 수의술이 못 미더워서는 아니지만 불안한 표정으로 서성이던 소의 모습이 눈앞에 어른거려 종래는 잠을 포기하고 부엌으로 나왔다. 밤을 새우며 고생하는 시아버지와 일꾼들에게 따뜻한 커피를 대접할 요량이었다.

"이열치열, 말복 더위에 뜨거운 커피를 잡수면 더위와 피로가 함께 물러가겠지……."

그녀는 혼자 소리를 하면서 커피포트의 플러그를 꽂았다. 포트 아래의 붉은 램프가 켜지는 순간, 그녀는 자신의 내부에서 조심스럽게 들려오던 심음이 갑자기 크게 고동치고 양쪽 발을 걷어차는 아기의 운동에 배를 움켜잡고 싱크대에 기대어 섰다.

김원장은 목부들을 동원하여 마지막 힘을 집중하였다. 장골 다섯이 젖 먹던 힘을 다하여 로프를 당겼으나, 태아가 산도에 걸려 빠져나오지 않고 있었다.

"원장님, 그냥 나오지는 않겠는데요."

목부장이 말했다.

"별 도리 없지, 어미 소라도 살려야지. 한 번만 더 당겨보고 수술을 하든가 산과도로 잘라내든지 하세……."

김원장은 목부들을 독려했다. 이젠 별 방도가 없었다. 보통의 경우 심한 난산에는 절박도살 처리로 경제적 손실을 줄이려 하겠지만 수의사로서 오기도 작용하였고 또, 며느리에게 느끼는 무언지 모르는 연민에 끝까지 해볼 심산이었다.그러나 '퍽' 하는 파열음과 함께 외음부가 파열되며 사산한 태아가 빠져나왔다. 딴 생각을 할 여유가 없었다. 서둘러 산과 처치를 마친 김원장이 담배를 한대 물고 숨을 돌릴 적에 며느리가 뜨거운 커피를 가지고 우사에 들어섰다. 그녀는 이내 사정을 알았다. 찻잔을 든 시아버지의 손이 유난히 떨렸다. 김원장은 며느리를 보기가 민망스러웠다. 뿐만 아니라 수의사가 자신의 소를 난산케 하였다는 자책감마저 가중되었다.

"아버님, 고생하셨어요. 뜨거운 커피를 드시면 한결 편해질 거예요."

그녀는 시아버지의 마음을 헤아렸다. 고통 끝에 잠이 든 젖소의 목을 쓰다듬으며 "고생이 많았지? 우리 아버님이 잘 보살펴 드릴 거야" 이렇게 말하였다.

며칠이 지난 뒤 왕진을 다녀오던 김원장은 해산을 하고 집으로 돌아오는 며느리와 막내를 길에서 만났다. 아들은 기분이 좋아 싱글벙글하였는데 며느리가

"아버님, 걱정하셨죠? 전 야위고 가냘퍼 보여도 몸과 마음이 무척 튼튼하답니다. 아이를 보세요. 천하장사감은 되겠죠……."

하였다. 그녀는 며칠 전 난산우의 송아지를 잃고 나서 축사 모퉁이에 앉아서 한없이 민망해 하시던 시아버지의 모습이 떠올라 시큰한 콧날을 아기의 이불깃에 감추었다.

크리스마스 선물

"수술을 하려면 이 아이의 건강 상태로 보아 약 열 명분의 혈액이 필요합니다. 심장수술은 다른 외과수술과 달리 냉장보존된 혈액을 사용할 수가 없습니다. 신선한 혈액 즉, 산 사람의 혈액을 즉석에서 수혈하여야 합니다."

"아니, 그 많은 피를 어디서 구합니까? 선생님, 저의 혈액형이 아이와 같습니다. 저 혼자선 되지 않겠습니까?"

"한 사람이 하루에 채혈할 수 있는 혈액의 분량은 한정이 되어 있습니다. 그 이상은 생명에 위험이 있어요. 그러니 어디에서라도 선생님 외에 아홉 사람의 혈액 제공자를 수술실에 대기시켜야 합니다. 내일은 크리스마스 휴무로 수술을 하지 않습니다. 오늘 오후에 수술을 할 수 있도록 준비하세요."

의사는 교과서를 읽듯이 또박또박 냉정히, 자상하게 일러 주었다. 하지만 사람은 가득한데도 아는 사람 몇 명 없는 서울에서 어떻게 아이의 혈액형과 같은 아홉 사람을 구할 것인가. 이 주사는 하늘이 무너지는 듯한 절망감에 병원 복도에 머리를 감싸고 주저앉았다.

지방 수의사보, 그 얄팍한 봉급으로 수술비는 고사하고, 대학병원의 침상을 구하기 또한 얼마나 힘이 들었는지 모른다. 수술이 결정되고도 병상을 구하지 못하여 몇 달을 기다렸었다.

그러니까 아이의 심장에 이상이 있다는 걸 안 것은 이년 전이었다. 감기가 들면 잘 낫지 않고 병원을 며칠씩이나 다녔다. 처음 진찰한 소아과 의사의 소견은 심장박동이 조금 이상하니 종합병원에서 진찰을 받아 보는 것이 좋겠다는 것이다. 또, 어쩌면 아이가 성장하면 나아질 수도 있다고 했다. 그때부터 이 주사의 마음에는 아들이 잔병을 앓을 적마다 심장의 이상 때문이라는 걱정이 가득했다.

사실, 신문이나 방송을 통해 심장병 어린이 돕기 운동이나 그러한 일들이 숱하게 났으나 이 주사는 자신과는 무관한 일로 생각하고 조그마한 관심조차 갖지 않았었다. 한데 자신의 주위에서 그것도 자신의 사랑하는 아들의 심장에 이상이 있다는 사실을 알고 나서, 그는 미칠 지경이었다. 종합병원에서 진찰을 마친 뒤에, 혹시

나 하였던 걱정이 현실로 무섭게 다가왔을 때 이 주사는 아들의 손을 잡고 병원 모퉁이에 있는 성모 마리아상을 보면서 제일 먼저 자신을 돌아다 보았다. 아들의 병이 애비의 잘못 때문이라면 자신에게 벌을 주시길 빌었다.

"아빠! 오빠가 얼마만큼 아파요?"

연년생인 딸아이가 물었다.

"음, 가슴이 아프단다. 너랑 동생은 오빠 말을 잘 듣고 화나게 한다든가 마음을 상하게 하면 안된다. 알겠니?"

"알았어요. 근데 아빠, 우리 학교에서 심장병 어린이 돕기 한다며 엄마 오시래요."

"그래, 뉘집인지 큰 걱정이겠구나."

이 주사는 이렇게 대답하면서, 어쩜 이제부터 그 아이의 부모와 자신이 똑같은 처지에 서 있다는 느낌이 들었다.

"여보, 요즈음은 의학이 발달하여 심장병쯤은 수술만 하면 고칠 수 있대요. 일전에 배안나 수녀님께 의논했더니 심장병 어린이를 위한 모임이 있어서 그곳에 가입하면 수술비를 싸게 하면서 접수 순서대로 수술을 해 준답니다."

아내가 걱정에 빠져 일이 손에 잡히지 않는 이 주사에게 말했다.

"그래도 수술비가 엄청나게 들거야."

"심장병 어린이 돕기 재단에선 우리처럼 어려운 사람을 도우려고 사업을 시작하였다 합니다."

이 주사는 아내의 말대로 아이를 수술 대상자 명단에 올리고 차례가 오기를 기다렸다. 돈도 문제였지만 병상이 없어 더 애를 태웠었다.

아홉 사람의 혈액을 어디에서 구할 것인가? 이 주사는 어찌할 바를 몰라 병원 복도에 멍청히 앉아만 있었다.

"여보시오! 그리 앉아 있으모 산타 할배가 선물을 가지고 올 줄 아요?"

병실을 못 구해 동분서주할 때에 걱정을 해 주던 수위 영감이 이 주사를 불렀다.

"쯧쯔－, 요즘 젊은 사람들은 세상이 자기 혼자서 각박하다 단정을 짓고 나면 더 이상 노력조차 않아. 너무 쉽게들 포기해. 큰일이야……."

"저로선 방법이 없는 걸요."

이 주사가 볼멘소리로 말했다.

"자네, 궁하면 통한다는 말을 아는가? 하늘이 무너져도 솟아날 구멍은 있다구. 내가 여기서 하루에 보통 오륙 명의 수술 환자를 보고 있는데, 모두가 자네처럼 머리를 감싸고 고민에 빠져. 심장병 수술받는 아이가 어디 자네 아이뿐인가……, 어쨌든 간에 모두 수술을 무사히 마치고 퇴원을 하거든……."

수위 영감은 말을 하다가 말고서 느긋하게 담배를 한 대 물었다.

이 주사는 속이 탔다.

“영감님, 그 방법이 무엇입니까?”

“잠깐 기다려! 사람의 생명이 걸린 중요한 일이라구. 그렇게 다그치면 좋은 생각이 떠오르지 않아. 차근차근 방법을 생각해 보자구. 잘 될진 모르겠으나 이런 방법을 써보는 게 좋을 거야.”

“아이고, 영감님. 애가 탑니다.”

“이 사람아, 나두 크게 자신이 없어. 말을 하고 보니까 후회가 되는 걸…….”

“잘되지 않더라도 영감님 탓하지 않겠어요. 제발 부탁입니다.”

“그러면 이렇게 하지. 우선 흰 도화지 몇 장과 싸인펜을 준비하게…….”

이 주사는 수위 영감이 가르쳐 준 방법대로 도화지에 아들의 이름과 혈액형, 그리고 병원, 수술내용을 적었다.

거리의 풍경은 성탄절을 앞두고 북적이고 있었다. 상점의 진열장엔 크리스마스 상품이 낮이었지만 현란한 색깔의 조명 속에서 손님을 기다렸다. 이 주사가 찾아간 대학가 주변의 상점들도 산타클로스를 앞세우고 캐럴을 소리 높여 부르고 있었다. 이 주사는 언젠가 학창 시절에 와 본 적이 있는 대학의 교정을 몽유병 환자처럼 걸었다. 옛날엔 부푼 이상을 위하여 걸었었다. 어디서 함성이 들렸다. 학창 시절에 들었던 함성이 메아리 되어 뇌리 속에 그 옛날의 시절들을 연상토록 하였다. 이 주사가 도화지를 부칠 곳을 찾는 동안에 방학 중인 교정을 떠나지 않은 한 무리의 학생들이 무어라 구호를 외치며 지나갔다. 도서관을 들여다보니 많은 학생들이 성탄절의 축제를 잊고 모두들 공부에 열중이었다.

이 주사가 헌혈 벽보를 붙여도 누구 한 사람 관심을 가지지 않았다. 도서관 입구와 벽보판, 식당문, 수위실 앞, 그리고 체육관 문에 가지고 간 것을 다 붙인 이 주사는 터무니없는 기대를 하고 있는 자신이 무척 비참하다는 생각이 들었다. 수위 영감이 위로하느라고 대학 교정에 벽보를 붙이라는 이야기를 한 것으로 느껴졌다. 방학인데도 공부를 하기 위해 도서관에 가득한 학생들과 구호를 외치며 교정을 돌고 있는 학생들에게 도대체 무엇을 기대하는 걸까. 이 주사는 교문을 나오며 자신이 실없는 행동을 하고 있다는 후회가 되었다. 새하얀 얼굴로 병실에 누워 있을 아들의 얼굴이 떠올랐다. 거리를 지나는 모든 사람들에게 '우리 아이를 도와주세요!' 라고 외치고 싶었다.

이 주사는 정신없이 걸었다. 얼마나 갔는지, 한강이 눈앞에 펼쳐졌다. 강둑에 앉으니 멀리 강 건너 성당의 종루에 십자가가 석양에 반짝였다. 이 주사는 가슴에 성호를 긋고 일어섰다. 추위와 시장기가 몰려왔다. 시계를 보니 병원을 나선 지 무려 다섯 시간이 지나 있었다. 이 주사는 어둠이 깔리는 거리를 지나 급히 병원으로 돌아왔다.

"수술실로 어서 가 보게."

수위 영감이 병원 문을 들어서는 이 주사에게 말했다.

"왜요? 무슨 일이 생겼습니까?"

"어디 갔었나? 수술을 마칠 때가 되었을 텐데……."

이 주사는 영문을 모르고 수술실로 달려갔다. 마스크를 쓴 의사들이 아들의 가슴에 메스를 대는 환상이 눈에 선했다. 그가 수술실 앞에 섰을 때였다. 닫혀 있던 문이 활짝 열리며 한 무리의 남녀 학생들이 윗도리를 입거나, 내의가 걷어진 팔뚝을 탈지면으로 누르며, 쏟아져 나왔다.

"아저씨, 우리 학교에 오신 걸 보았어요. 의사 선생님이 꼬마의 수술이 잘 되었다 해요. 안녕히 계세요!"

"아저씨, 메리 크리스마스! 꼬마도 성탄의 축복을!"

하면서 그들은 눈 깜박할 사이에 병원 밖으로 사라졌다.

이 주사가 무슨 영문인가를 겨우 알아차렸을 적에 회복실로 가는 아들의 베드 곁에 따라오며 이 주사의 아내는 울면서 이렇게 말하였다.

"세상에 이처럼 큰 성탄 선물이 있겠습니까?"

단편소설
Short story

목마木馬

봄의 한낮에 나는 꿈을 꾼다.

일장춘몽.

시장엔 손발을 머리에 얹은 인간의 군群들이 치열한 생존의 뜀뛰기를 한다.

교외로 나가는 길은 또 다른 광대들이 하품을 하며 몰려간다. 사파의 세계는 나의 가슴을 답답하게 한다. '어디 좀 시원한 곳이 없을까?' 나는 새가 부러웠다.

소싯적의 꿈은 양팔을 벌린 채 날기만 하면 되었는데, 방직공장의 실같이 많은 번뇌는 나를 거미줄에 걸린 한 마리의 모기가 되게 한다. 나는 발버둥친다. 거미줄이 더욱더 나를 옭아매는 것을 알면서 발버둥을 치고 있었다.

그때 누군가 나에게 가만히 귓속 이야기를 한다.

"당신은 망각을 모르나요, 인간은 헤어날 수 없는 망각의 거미줄을 치고 있는 것이어요. 우린 기울어지는 동체를 바로 하기 위해 양쪽 손을 번갈며 움직이면 되는 것이랍니다."

"소싯적의 비행飛行을 잊었나요. 그렇게 쉬 잊으면서도 거미줄엔 왜 걸렸지요?"

여자의 생기 띤 눈매에 나는 충견이 되어 먼지 나는 땅바닥에 골반을 흔든다. 위해한 도덕보다도 성경의 구절보다도 인간의 여자는 나를 매몰埋沒한다. 프로이드는 성감을 주장했지만, 나는 백구 친 승려였다. 아니 가치 없는 논산 훈련병의 비뇨기였을 게다. 나는 흐린 물속의 붕어모양 연신 바깥의 공기를 마시고 싶었지만 번번이 여인의 구릉丘陵에 부딪힌다.

"이젠 나를 좀 놓아 주어요."

내가 애원했다. 그녀는 대답 대신 닭똥같이 굵은 눈물을 흘린다. 여자의 눈물은 거미줄이 된다. 여자의 위용은 나를 향해 포신을 높이 쳐든 발사 직전의 8인치 포의 포구 같았다.

꽃잎들은 쉴새 없이 지고, 피고 그녀는 다방의 중앙에서 노란 껌을 사달라고 나에게 강요한다. 그녀의 노란 껌은 '애정' 이라 쓰여 있었다.

담배 연기가 자욱한 주점에서였다. 그녀가 하얀 드레스를 입고 엎드려 있다. 그녀의 언니가 나에게 겸연쩍은 미소를 띠어 보인다. 그녀의 동그라한 어깨는 오열을 참는 시늉으로 개구리의 배마냥 부풀었다 줄었다 한다.

주점 밖 먼지 나는 도로엔 죽은 개구리의 사체가 미라가 되어가고 있었다. 개구리의 죽음도 생명이 간 것이므로 나는 연민을 갖는다. 연민은 나의 생명 위에 도넛처럼 떠 있었다. 누군가 그녀의 동그란 어깨를 난폭히 잡아당겨선 주점보다 더 어두운 곳으로 끌고 간다. 남자는 여자의 앞에선 용감해지는 법이지만, 나에게 그런 기적은 일어나지 않는다. 꿈이지만 기적은 바랄 수 없었다.

나의 입은 겨울철 얼음 속 개구리마냥 붙어 있었고, 정작 개구리가 되어 끓는 식용유 속을 헤엄치다, 너무 뜨거워 잠을 깬다.

봄볕이 창살을 가득히 밀어붙이는 오후였다.

'편지' 하숙집의 따님은 화사한 봄옷으로 단장하고 의미 있는 웃음을 짓는다.

"아가씨, 나 편지 읽게 좀 나가 주어요."

그녀는 울상이 되어 문을 부서지듯 닫고는 나간다. 한동안 멍히 그녀가 나간 문 쪽을 본다.

"잠이 깨지 않아 실언을 했군."

입속말로 그녀에게 사과하고는, 봉투를 찢는다.

못 뵈온 지 두 달 가량 되었습니다.

학교엔 잘 나가시겠죠.

제가 나가는 학교도 이젠 환경도 익숙하고……

아래 곳에서 기다리겠습니다. 꼭 드릴 말씀이 있습니다. 총총…….

– 명혜 올림

담배 연기를 만든다. 연기는 상념을 확산시킨다. 수면 뒤의 만족감은 곧 사라진다. 연기 속으로 명혜의 가지런한 앞니가 보인다. 달려가고 싶은 충동을 느낀다. 우리를 확인하려면 일체의 언어는 소용이 없었다. 그러나 여자는 언어의 한계를 알면서 그것을 확인하고 싶어한다. 품속의 어린이도 몇 번이나 눈을 뜨고 살펴봐야 잠을 이루는 것인지….

"나를 이렇게 둔 채론 불안할 것이라 하지만, 나는 당신이 말하듯 우리를 쉽게 잊어버릴 재간이 없어. 영어 단어는 잊기 쉬워도, 우리들의 관계를 쉽사리 지울 수는 없는 게야."

1961년 봄에 우린(대규와 나) G.O.P. 파견 명命을 받고 말끔히 다듬어진 도로를 걸어서 갔다. 철모, 더플백, 총, 수통을 부착한 우린 차편의 편의를 볼 수 없었다. 텅 빈 도로에는 간혹 군용차량만 지날 뿐, 그것마저 산골 깊숙이 들어서자 보이지 않는다.

처음 최전방 특명이 났을 때부터 우린 이 나라의 잘려진 허리까지 갈 것을 각오했던 터이지만, 막상 깊은 계곡과 잡목 무성한 이

골짜기 길에 들어서면서부터 새로운 세계에 대한 불안으로 우린 입을 다문 채 몇 시간이나 걸었다.

계곡은 봄이 차오르고 있었다. 위도가 높고, 등고선이 높은 지방에선 우리가 살던 남쪽 바닷가보다 계절이 늦다. 봄은 한달 가량의 차이가 있다. 남녘엔 꽃들이 지고, 신록이 무성할 초여름이면, 그제사 이 골짜기엔 진달래가 만발한다.

고사목이 빽빽이 들어찬 비탈에는 첫눈에 이끼 낀 내음이 풍긴다. 공기는 맑고 물소리는 구슬 굴리는 듯하다. 햇볕이 비친 양지쪽의 진달래가 핏빛으로 붉다. 아름다운 자연은, 우리들이 지녔던 최전방에 대한 불안감을 잊게 한다. 자극적인 진달래, 우중충한 숲속과, 칡넝쿨이 엉켜 있는 도로변의 넓은 땅은 붉은 표시 – 지뢰지대 – 를 해두었어도 차츰 우리를 즐겁게 한다. 훈련소에서부터 지금까지 이런 해방감을 맛보기는 처음이었다.

짊어진 더플백이 무거워졌다. 총을 맨 어깨가 저려왔다. 쉬고 싶었다.

"야, 여기서 쉬었다 가자."

"좋아, 저쪽 냇가로 가자."

우린 맑은 물이 흰 거품을 일으키는 냇가 하얗게 씻겨진 자갈밭에 더플백을 맨 채 '펄썩' 드러누웠다.

3시간은 능히 걸었으리라. 우린 약속한 듯이 군화를 벗었다. 잘못 건조된 오징어 내음이 풍긴다. 물은 투명하다. 햇빛이 바닥까지 스민 냇물은 어항 속을 들여다보는 것 같다. 발을 담그자 물은 숫제 빙수를 마시는 것처럼 온몸을 떨게 한다.

우린 개울가에 누워서 연기처럼 희미한 시선으로 손바닥만큼 뚫어진 하늘과 병풍 같은 계곡의 위태한 바위와 절벽 끝에 굽어 자란 소나무를 보며 생각에 잠겼다.

우린 훈련소에서부터 줄곧 같이 붙어 다녔다. 내가 대구를 거칠 때도 춘천의 보충대에 갈 적에도 그도 더플백을 메고 나의 앞에 서 있었고, 사단에 전입할 때에도 우린 호로를 친 트럭의 바닥에 더플백을 타고 앉아 이제 막 입에 길든 화랑담배를 피우며 '가는 데까진 가겠지' 하는 심정으로 꼬박 꼬박 졸기도 했었다.

마지막 파견지까지 함께 가게 되었다. 우린 훈련소 동기, 군의학교 동기, 더플백 동기, 전입 동기이자 전우이고, 친구였다.

잠깐 졸았던 모양이어서, 자동차의 엔진 소리가 멀리서 들렸다. 도로를 따라 쭉 이어진 계곡은, 길다란 공명을 울리는 관이 되어 아주 먼 곳에서 울리는 엔진의 진동이 귀 가까이 들려오게 한다.

몸은 피곤하고, 마음은 모처럼의 자유에 쫓아다니고 있었다. 소리가 들려오는 방향은 우리들이 걸어온 곳에서였으나 우린 자동차의 신세를 지고, 몸 편히 목적지에 도착하여, 조금이나마 빨리 우리의 자유를 빼앗기기보다는, 부르튼 다리로 걷더라도 지금 몸을 눕힌 이 좋은 냇가에서 새소리, 물소리, 바람 소릴 들으며 자유를 얻기로 한 채 잠이 들었다.

으스스한 한기에 일어나, 목적지에 도착했을 땐 밤이었고, 우린 늦게 도착한 벌로서, 그리고 신고로서 벙커의 모퉁이에서 곡괭이 자루의 인사를 받았다. 우리가 인사 받는 벙커에서 마주 보이는 언덕, 적의 스피커에서 "김일성 운운"의 행진곡 소리가 들려왔다. 그날 밤 우리들이 잠 못 이루며 스피커 소리와 아픈 엉덩이를 번갈아 가며 참아야 했을 땐 지옥의 입구에 찾아온 듯한 착각을 느낄 정도였다. 졸병생활의 나날은 구름 가듯이 갔다. 하루가 구름마냥 기울어지면 우린 저녁식사를 받고, 하루가 감을 감사하며 기도했다.

그는 기독교인이었으므로 하나님께 감사했을 것이지만, 나는 고향의 어머님에게 '오늘 하루도 큰 고통 없이 지났습니다. 나날의 생활은 마음에 듭니다. 건강히 지내어서 어떤 괴로움도 이기고, 어머님에게 돌아가겠습니다' 라고 기도했다.

우린 개울에 빨래 갈 때도, 깊은 산속에 싸리 베러 갔을 때도 같이 다녔다. 대대가 위치한 계곡은 냇물을 따라 좁직한 들을 이루고 있었다. 우린 이 좁고 긴, 계곡 사이에 낀 들이 마음에 들었다. 우리 둘은 높다란 산 위에 올라 그의 소박한 설계를 수없이 꾸몄다.

"저기 보이는 모퉁이에서부터 보洑를 만들고, 보로 수위가 높아진 냇물에는 수로를 만들어 곳곳에 웅덩이가 생기게 한 다음 목초를 심는 걸세. 축사畜舍와 우리들이 살 집은 보가 내려다보이는 언덕에 짓는 걸세. 아담한 삼각의 지붕에 붉은 페인트칠을 하고……."

우리들의 꿈이란 언제나 이런 고정된 설계였다. 그러나 지금 이 계곡의 좁다란 초원은 곳곳이 철조망으로 막힌 지뢰지대였다. 언젠가 이 땅에 꿈의 설계를 해야 할 누군가는 수없이 많은 지뢰를 수확하며 감자나 고구마를 캐는 기분을 느낄진 모르겠다. 지뢰를 수확하여야 할 이 땅은 서글픈 민족의 무좀마냥 그 벌레가 묻혀 있었다.

군대생활에 세 번의 휴가가 있다면 처음 휴가 때는 '어머님이 버선발로 마당을 뛰어나오신다' 했고, 둘째는 방문만 열고 '아무개 왔느냐' 하며, 셋째는 '아예 방문조차 열어 보시지 않는다' 라는 이야기가 있다. 그러나 우리의 첫 휴가를 출발할 적엔 얼마나 많은 꿈들을 꾸었던지…….

우린 J시에서 셋으로 되었다.

그가 사귀고 있던 '명혜' 라는 아가씨를 나에게 소개했다.

"육군 일등병 아무개 처음 뵙겠습니다."

나의 신고가 얼마나 엉뚱했던지, 그녀는 조심스럽게 머금었던 커피를 뱉어 버리는 소동을 일으켰다. 우린 이렇게 하여 쉽게 셋으로 되고, 휴가의 짧은 나날은 꿈꾸던 일부를 채워주고 있었다.

그녀는 배추색 옷과 흰 구두를 즐겨 신었고, 항시 머리는 길게 빗어서 싱싱한 야채를 연상케 했다. 가지런한 이빨과 깊은 동공이 무서운 흡인력으로 나를 끌어당겼다.

바닷가, 강가, 산, 찻집에서, 주점에서 우린 캘린더의 날짜를 볼

펜으로 지워가며, 야금야금 먹혀지는 휴가 기간을 발버둥치듯 아쉬워했다.

갇혔던 생활에의 해방감은 폭주暴酒로 이어졌고, 난 매일 저녁 고주망태가 되어서 일차 이차로 그들을 끌면서 엄청나게 마셨다. 주점에선 우리들 중에 내가 왕이었다. 그는 몇 잔이면 깊은 수면에 들고, 나의 부하는 가지런한 이빨과 그윽한 눈매로서 나의 적절한 하명을 기다렸다. 해가 지면 나는 어둠의 박쥐마냥 나래를 펴고 한층 더 요염해진다. 우린 나방처럼 찻집으로 끌려가선 '철새는 날아가도' 라는 노래를 들었다. 우린 철새였다. 철새마냥 떠난 것이었다. 우린 우리가 이룬 이 공간만이 지배할 수 있는 짧은 약속을 하고 있었다.

나의 숙취는 가끔 그녀를 당황하게 하고 나는 취중을 빌려 그녀의 환심을 약속받곤 했다. 우리들의 관계는 공정해야 할 것이었다. '우리' 란 개념은 세 사람이 어울려서 이루었으나 나는 이 개념을 부식腐蝕해 가는 행동을 단순히 취중으로 돌리고 싶었다.

내가 받아낸 그녀의 약속이, 그녀와 나의 작은 음모였더라도 우리를 위해 숨겨야 했다. 하지만 애정의 갈피를 잡기란 무척 어려웠고, 그를 의식하면서도 나는 그녀에게 약속을 받곤 했다. 그는 몇 잔의 술로 용기를 잃은 구애자가 되어 버린 다음날 아침 깊은 잠에서 깨어나 정신없이 물을 찾다가, 놓쳐버린 기회를 아프게 인식하고 그 시원한 물을 얼마나 쓰게 마셨을 것인지, 그리곤 그녀와의 사이에 나를 개입시킨 어리석은 자신과 화해하기 위해 거울을 얼마나 들여다보았을 것인지…….

나는 그가 임명한 믿고 있는 고양이로서 그의 반찬가게를 지키고 있었다. 이 고양이를 증오하기엔 우리들의 관계는 소중했고 그와 나의 잠 못 이루는 밤이 찾아왔다. 귀대의 날은 초침마냥 달려왔다. 나는 나대로의 입장을 고수했고, 우리들의 관계는 그녀와 내가 공모함으로 허물어져 갔다.

"우리 좀 걸을까?"

내가 물었다.

"그이 오면 같이 걷도록 하심 어떨까요?"

그녀는 나의 제안에 짤막한 거절을 했으나 나는 모처럼 둘이 있게 된 기회를 놓치긴 아까웠다. 그녀는 마지못해 나를 따랐다.

뒤늦게 약속 장소에 나온 그가 우리를 찾는 것을 포기하지 않고 우리가 조금이라도 머물렀던 곳은 모두 찾아 헤매였다 한다. 내가 마지못해 그녀를 해방시켜 준 후 집에 돌아왔을 때, 그는 나의 방에서 차분해진 모습으로 책을 읽고 있었다. 휴가를 하루 남겨놓고, 그는 『사랑할 때와 죽을 때』라는 소설의 휴가 귀대 장면을 읽고 있었다. 고양이가 되어버린 나는 침묵을 지키고 있는 그를 보기가 민망하여 조심스레 그의 표정을 곁눈질하며 무너지듯 드러누웠다.

그는 울고 있었다. 나는 그를 어떻게 달래어야 할지 모른다. 한편으론 내 자신의 무분별한 욕심과 싸우며, 한편으론 그의 기독교적인 해결을 비양심적으로 원하고 있었다.

솔직히 그녀를 포기하여 그와 나의 우정을 살리고 싶은 마음이 없었던 것은 아니나, 나는 이미 눈이 어두워져서 무척 미안한 감을 가지면서도 선뜻 그에게 '그녀를 떠나겠다'는 말을 하지 못했다. 설혹 그렇게 맹세했다 해도 실행 가능할진 의문이었지만…….

우리들의 관계는 이 정도에 머문 채 귀대의 길에 올랐다.

그 무렵 대대에는 새로 온 대대장이 있었는데, 전임 며칠 되지 않아서 곧 어울리는 별명을 부여받았다. 대대에서 그는 황새로 통했다. 흰 피부에 껑충한 키는 마치 논두렁에 서 있는 황새를 연상케 했다. 전령이 3통의 편지를 가지고 나를 찾았다.

"이 세 통의 편지가 하나의 공통점을 갖고 있습니다."

전령은 자못 신기한 양 편지를 추켜올렸다.

"공통점이라니……?"

내가 반문했다.

"세 통이 모두 한 아가씨에게서 부쳐진 점."

그가 싱글벙글 웃으며 편지의 뒷면을 보여준다.

드디어 그녀로부터 소식이 왔다. 아! 환성을 지르고 싶었으나 나는 곧 즐거움을 의식적으로 침체시켰다.

"한 통은 대대장님께 온 것인데 이 아가씨와 어떤 관계일까?"

내가 물었다.

"대대장님의 딸이 둘이라던데 아마 이 아가씨는 둘째인 모양입니다.”

전령은 대대장의 가족관계를 비교적 상세히 알고 있었다.

전령이 대대장 따님과 우리들과의 관계에 대해 강한 호기심을 보여 우린 매점의 술 몇 잔으로 그의 입을 봉해버렸다. 그러나 그의 호기심을 수그렸다 하여 우리의 관계가 유지되진 못했다.

황새는 긴 목을 돌려가며 살피다가 숨구멍만 틔어놓고 숨은 고둥을 쪼아먹는다. 우리들의 막걸리 깡통에 덮인 현상은 우연한 정말 우연한 기회에 들통이 났다.

밀린 황새의 편지 사이에 나에게 온 것이 잘못 꽂혀 있었던 것이다. 전령의 장난이었는지 실수였는진 알 수 없었으나 우린 황새 앞에 끌려가, 껍질 속에 숨는 고둥이 되어, 딸의 이야기를 들려 주었다. 황새는 과년한 딸의 애교에 곧 힘주었던 목을 부드럽게 하고, 우리에게 방학을 이용해 곧 그녀가 올 것이라는 소식까지 전해 주었다.

그는 여전히 장문의 편지를 쓰고, 나는 그를 의식하며 서두의 두어 자로 종이 한 장을 메우고, 등불 아래 엎드린 그가 편지를 길게 쓰는 모양을 멍하니 보곤 했다. 내무반의 석유 등불은 유리들이 연정의 상념을 모으기엔 안성맞춤이었다. 그러나 그녀로부터 오는 답장은 그와 나에게 똑같은 내용이었으니, 그녀는 여전히 우리들이란 개념을 유지한 채, 두 사람으로부터의 편지 선물에 만족하고 있었는지 모른다.

기다리고 있던 대대장의 숙소에 초청될 날이 왔다.

"자네 두 사람, 외출증 가지고 숙소로 나와!"

대대장은 지프차를 보내왔다.

우린 마음이 안정되지 못한 채 그녀를 만났다. 그녀의 모친은 우릴 곧 알아보곤 모친 특유의 잔정을 보였다. 황새의 집에서 고둥들이 환영을 받다니…….

우리들은 어울리기가 무서웠다. 다음날은 냇가에서 고기잡이를 했다. 큰 해머를 고기가 있음직한 돌에 내리치면 놀란 물고기는 갈팡질팡하고 그녀는 그것을 잡느라 미끄러지고, 돌 대신 물을 쳐서 멱을 감고, 물속은 햇볕이 맑게 반사되고, 고기 떼는 잘 씻겨진 돌 사이에 숨는다. 계곡의 물에는 열목어가 서식했다. 삼복더위도 이 계곡에선 으스스 떨고 아연해진다.

즐거움이란 무한히 계속되진 못한다. 왜냐하면 우리의 감정이란 주기적으로 변화하는 환경에 적응하기 위해 굴곡이 많기 때문이다.

그녀가 며칠의 일정을 마치고 돌아가는 날, 대대는 비상에 걸려 있었다. 새벽부터 시작된 긴장에서 풀려났을 땐 그녀는 떠나고 없었다.

그날 밤 그는 막걸리 깡통을 수없이 비웠다. 나도 질세라 마셨다. 얼마나 마셨는지, 나는 졸았다. 탁자에 부딪친 이마의 불쾌한 감촉으로 졸음에서 깨었을 때, 그는 울고 있었다.

그의 명혜에 대한 마음은 나보다도 더 큰 깊이를 가지고 있었다. 나는 우리들을 위하여 명혜를 단념하고 싶었다. 그러나 그 귀여운 여인을 난들 빼앗기고 싶겠는가. 단순한 나는 곧 명혜에 대한 애정의 깊이가 그보다 얕다는 걸 시인하고는 우리를 지배하는 야릇한 관념을 해소하려 했다.

"대규, 자네에게 명혜 문제를 털어놓고 얘기하고 싶네."

내가 물었다.

"자네가 얘기하기 전에 내가 먼저 할 이야기가 있네."

그는 술잔을 비우고는 짤막하게 그의 번민을 털어놓았다.

"내가 명혜를 알기 전에 그녀는 어떤 남자를 사귀고 있었다네. 아마 나와의 관계가 가까워지자 그쪽 남자를 차버렸다 생각이 들어. 우연히 그녀의 책상에서 그 남자의 많은 편지를 보았다네. 사랑을 잃은 자의 입장을 나는 이해할 줄 몰랐다네. 그 상처 입은 남자를 나는 경멸했다네. '바보 같은 녀석이라' 그 말이다."

그가 잠시 쉬는 동안 나는 술잔을 비웠다.

"그런데, 그런데 이젠 내가 상처 입은 그 남자의 처지에 설 단계가 된 모양이야. 하필이면 자네와 위치가 바뀌어서……. 이젠 내가 그녀에게 애정의 구걸을 하여야 한다는 걸 알았을 때, 난 비로소 그녀에게 줄곧 그 상처 입은 남자의 일들이 남아 있음을 알았다네. 무슨 말인지 이해되지 않을지도 모르겠네만 그녀에겐 애정의 공백을 이어갈 끈기가 없음을 관찰할 수 있었다네. 누군가가 그녀의 곁에 항시 있어야 만족을 할 것이라는 결론을 얻었다네. 쉴 틈 없이 애정의 충족을 바란다는 것은, 나처럼 멀리 떠난 경우엔 어떠하겠는가? 상처 입은 그 사내가 생각이 나더군, 명혜와 나 사이에 자네를 개입시킨 것을 후회하고 있었어. 허나, 나의 입장을 그 사내에 비긴다면, 자네는 나처럼 나를 웃어 넘길지도 모를 일, 그러나 내가 그녀를 알게 됐다는 사실이 나쁜 것이었지. 자네가 그녀를 갖고 싶어하는 점은 나도 시인할 수 있다네. 지금도 그 상처 입은 가련한 사내 생각이 떠나지 않고 있다네……."

무척 마셨건만 취기는 목구멍에서 머문다. 머릿속은 맑게, 그리고 차분해지건만 몸은 자유를 찾고 있었다.

"그러나 나는 이 줄당기기에서 물러서고 싶은 마음은 추호도 없다네. 또다시 구걸을 하더라도, 그 상대가 누구이든."

이젠 내가 얘기할 차례였으나 그의 그 단호한 결론에 할 말을 잊었다.

그가 소리 죽여 웃는다. 결심의 완성은 그로 하여금 허탈감에 빠지게 했나 보다.

그는 몇 번이나 구토를 했다. 상처 입은 자의 망령을 죄다 토하는 것 같았다. 실신한 듯 늘어진 그를 내무반에 누이고 석유 등불에 비친 그의 잠든 얼굴을 보며 늦게사 나도 구토감을 참을 수 없었다.

헤라스코프(러시아)의 시가 있다.

즐거웠어라, 처음 만났을 때는,
아름다운 그대와 만났을 때는,
괴로워라 괴로워라 헤어질 때는,
괴로워라 괴로워라 얼이라도 빠져나가는 듯.

생활에 충실한 인간은 내일에 대한 두려움이나 오늘에 대한 많은 불만을 갖지 않는다. 오직 생활하는 그것만이 정해진 인생의 기간을 차곡히 누적하는 것이다.

지난 시간이란 항시 짧게 느껴진다. 그가 휴가를 다녀오고, 다음엔 내가 휴가를 갔다.

이미 우리들의 관계란 무너지고, 그녀는 두 사람으로부터의 수세守勢에 지쳐갈 무렵이었다.

그날은 비가 왔다. 그녀가 근무하는 학교 교정엔 억수로 쏟아지는 빗줄기가 나뭇잎을 띄우고, 구름처럼 모여들어 뜨락과 개울을 분간할 수 없었다. 나는 그녀의 동료들이 보내는 눈초리를 우산으로 막으며, 그녀와 함께 교문을 걸어 나왔다.

우산 속에서 집약集約된 감정은 서로의 존재를 인식하기엔 충분했다. 여인의 속마음엔 내가 이해할 수 없을 만큼 많은 애정이 충만되어 있었다. 사랑하는 일은 그녀의 모든 것이며 나는 그녀로부터 동정적인 우정을 받는지도 몰랐다. 만약 그녀의 애정이 어느 한쪽으로 쏠린다면 과연 어느 쪽을 택할 것인가는 의문이었다. 그녀는 선택의 키를 쥐고 종횡무진 선택과 편견의 행각을 일삼고 있지 않는가. 그녀는 애정의 습관작용을 일으킨 환자였다. 어떠한 처방이 그녀를 회복시킬 것인지? 다만 이 순간만은 그녀가 정직하리라는 걸, 억지로 나 자신에게 수긍을 시키는 것은, 나 역시 자칫 이 미끄러지기 쉬운 유희에서 탈락될 것 같은, 대규가 가졌던 같은 감정에 젖어들까봐 그 망상을 떨어뜨리고 싶었기 때문이었다.

그녀가 또다시 나의 앞에 있었다. 나는 처음 가졌던 두근거림을 의식했다.

다방은 아늑했고 음악은 감미로웠다. 거리엔 장대 같은 비가 차곡차곡 넘어지고 있었다. 이와 같은 분위기에선 아무리 서먹서먹한 사이여도 마음의 창을 열고 싶은 것이지만, 내가 그녀의 진실을 알고 싶었을 땐 너무 내 자신이 그녀에게 집착하고 있었고, 그 그늘에 의하여 나는 또다시 맹목적으로 이끌리고 있었다. 눈먼 길을 걸을 따름이었다.

> 드라이안은 부드러운 땅에 꼬꾸라진 자기 육체에 한없는 연민을 느꼈다. 그 육체는 그의 가장 좋은 벗이었다. 이제 비로소 그는 그 육체를 사랑한다는 것을 깨달았다.
>
> – 게오르규 「25시」

196×년 늦은 봄.

대대는 방책선(휴전선의 철책) 보수 작업에 들어갔다.

날씨는 맑았다. 봄바람이 살랑살랑 불고 신록은 이 아름다운 계곡을 찬양하며 미풍에 춤추었다. 바람은 작업 병력의 땀을 씻어준다. 명랑한 작업이었다.

대대 CP엔 황새의 껑충한 모습이 보이고, 그의 곁에 흰 완장에 적십자 표시를 한 대규가 보였다.

해발 오백 미터 가량 고지의 5부 능선에서 작업은 진행되었다. 녹슨 철조망은 새로운 것으로 대치되고, 비에 씻겨진 팻말엔 페인트칠을 했다. 전방엔 적의 스피커 소리가 요란했다.

전령이 왔다. 그의 손엔 여러 묶음의 편지가 있었다. 저 편지들을 보며 우리의 작업 병력들이 하루의 피로를 풀게 될 것이었다.

"오늘은 황새 앞, 대규 앞, 당신 앞으로 세 통이 왔네요, 지금 드릴까요? 저녁에 매점에서 한 잔 하고 드릴까요?"

그가 편지를 뒤로 감추면서 우스갯소릴 했다.

"편지는 지금 주고, 술은 나중에 약속하지."

하며 그의 편지와 내 편지를 받았다. 오늘 저녁엔 기분 좋게 한 잔 하고, 여느 때와는 다르게 그에게 이야기를 좀 하고 싶었다. 편지를 지금 개봉할까, 어쩔까 망설이다 저녁에 그와 함께 읽기로 한 채 작업 철수를 기다렸다.

해가 기울고, 대대는 작업장에서 철수하기 시작했다. 작업 병력은 철수명령을 받고 피로한 몸으로 하산을 서둘렀다. 산은 높고 계곡은 깊다. 길은 나선형으로 이루어져서 하산을 서두르는 병력에게 지루한 감을 느끼게 한다. 그러나 전방의 길은 아무 곳이나 사람이 다닐 수 있다 하여 그곳이 길이 아님을 안다. 곳곳엔 '지뢰지대' 라는 붉은 표시판이 철조망에 달려 있다. 지름길을 생각한다는 것은 위험천만이라, 오직 안전한 통로만 이용하여야 한다는 건 진리나 마찬가지다. 하나 비와 세월이 가면 인간은 자신이 만들어 놓은 함정을 쉬 잊고 어리석게도 그곳에 빠지기도 한다. 문명은 학살을 장구히 개발하고, 과학화된 학살의 수법은 얼마나 많은 함정을 만들고, 잊었는지…….

산의 중턱엔 하산을 서두르는 병력의 움직임이 보인다. 먼저 하산한 병력은 도로변에서 휴식을 취한다. 그들이 피우는 담배 연기가 그들의 어깨 위에 머물러 석양에 붉다. 하산하는 병력은 담배 연기 속에 싸인 그들이 부럽다. 빨리 내려가서 휴식을 취하고 싶어진다.

갑자기 산 중턱에서 일개 분대(9명) 가량의 병력이 열을 이탈하여 곧바로 하산하는 모습이 보였다. 그들이 나선형의 굽이에서 아래로 뛰었기 때문에 지휘자의 시야엔 보이지 않았던 모양이었다. 그들은 빠른 속도로 하산했다.

대대 CP(본부)의 철수가 마지막으로 시작되었다. 그가 하산한다는 신호를 보내었다. 나는 양손으로 편지를 들고 그에게 흔들어 보였다. 우린 앰뷸런스의 시동을 걸고 철수 준비를 했다.

대열을 이탈했던 병력이 마음과는 달리 잡목에 의해 하산이 지연되자, 마구 뛰어서 내려오기 시작했다. 그들의 하산은 산 아래에서 보는 이들로 하여금 '혹시나?' 하는 불안감을 갖게 했다. 하지만 모두들 휴식에 이어서 오는 졸음으로 곧 그러한 마음을 잊고 있었다.

계곡에서 빤히 보이는 지점에서 돌연 흰 연기가 뭉클 솟았다. 연기가 솟은 주변은 온통 흙과, 돌의 부스러기가 회오리 되어 떠올랐다. 잠시 후 굉장한 폭발음이 울렸다. 고막을 찢는 듯한 쨍하는 금속음이 일순간 모든 사람을 멍청하게 한다. 연기가 걷히고 빤히 무대처럼 올려다 보이는 능선엔 핏빛 내음이 자욱했다. 나무토막같이 뒹굴고 있던 그들이 하나 둘씩 도로변으로 기어 나가고, 자신의 육체를 잃은 사람들은 자유를 잃고 엎어져 있었다.

우린 냉정하고 정확해야 했다. 앰뷸런스는 15°의 경사를 전속력으로 올랐다. 차를 돌릴 수 있는 지점에서부터 나는 구급낭을 들고는 뛰었다. 위쪽에서 내리닫는 그의 모습이 보였다.

사고 지점은 길 아래 경사가 비스듬한 옛 주둔지 뒤쪽 언덕이었다. 그곳은 경계용 지뢰가 매설되어 있었음에 틀림없었다.

심장은 격심한 운동으로 터질 것 같았다. 내가 사고지점에 도착했을 땐 그가 환자의 양쪽 다리에 압박붕대를 감고 있었다. 환자는 쉴 새 없이 고통을 호소하고, 그는 침착히 처치를 하고 있었다. 조금 더 안쪽에 또 한 사람이 손짓한다. 그는 그 많은 지뢰 속을 용케도 피해 나와 부상병을 길가에 내려놓고, 누군가가 그를 제지하건만 아랑곳없이 지뢰밭 속으로 들어갔다. 내가 환자를 후송시킨 후 그를 보았을 땐 또 다른 환자를 메고 있었다.

"움직이면 안돼!"

나는 무서운 공포가 엄습함을 느끼고 그를 저지하였다. 어느 고참 상사가 대검을 뽑아 땅을 찔렀다. 나의 칼끝에도 금속 접촉음이 들린다. 금속 접촉음 아래엔 지뢰가 묻혀 있었다. 부상자는 고통을 호소하고 상사와 나는 대검을 연방 땅에 꽂으며 안전통로를 열고 있었다. 확인된 지뢰 위에는 철모를 놓았다. 더 많은 철모가 전달되었다. 나는 생전 불러 본 적 없는 '하느님' 을 찾았다. 그가 무사히 임무를 수행할 수 있기를…….

무척 가까운 거리였다. 칠팔 미터쯤 다가갔을 때, 그가 부상병의 호소를 못 이겨 움직이기 시작했다. 지체하면 부상병의 생명은 위험하다. 그러나 조금만 기다리면 그도 부상병도 무사할 것이었다.

피를 본 사람은 냉정해지기보다 흥분을 한다. 그것이 누구의 피였든 간에 소리에 앞선 공기의 진동이 나의 머리를 숙이게 했다. 얼핏 그의 다리 아래서 성냥불을 켜듯, 불꽃이 일어남을 본 것 같았다. 화약 내음이 호흡을 멈추게 한다. 머리 위로 등으로, 흙이고 파편이고 그의 모든 것이 떨어졌다. 우리의 관계는 줄 끊어진 연이 되어 나의 등으로, 눈으로 쉴 새 없이 쏟아졌다. 땅이 이렇게 부드럽고 편안한 것은 아, 무척 옛날부터 느꼈던 기분이었던가? 그러나 나는 냉정해야 했다.

짙은 향내음 속에 목마가 돈다. 우린 회전목마를 타고, 이 아름다운 계곡을 달려간다. 그렇지만 다가갈수록 멀어져 가고, 가까워지면 돌아가는 회전목마는 우리가 좋아하던 이 계곡을 멀게만 한다. 나는 이제 목마에서 내려야 했다.

'아무것도 가진 것도 없으며, 준 것도 없는' 그의 주검엔 얼마 있지 않아 시들고 사라질 꽃다발 하나가 놓여 있었다.

필터까지 타든 담뱃불이 뜨겁다. 어떻게 할까? 우유부단해진 나의 행동에 측은함을 느낄까? 그녀의 입장에 냉소를 보낼 것인가?

침구를 정리하고, 거울을 본다. 텁수룩이 자란 수염은 나태해진 생활을 책망한다. 거울 속에 캘린더걸이 웃고 있다. 달력의 6월 6일엔 볼펜으로 동그라미가 쳐져 있다. 오늘은 육월 오일이었다. '내일 당신을 만나려면 그를 만날 수가 없어' 선택하여야 할 것이지만 나는 모처럼 한잔 하여야겠다는 걸 생각해 내고는 침을 삼킨다.

가막사리 〔狼把草〕

로스앤젤레스를 이륙한 비행기가 고도를 잡자 안전벨트 표시등이 꺼졌다. 여자 승무원들은 좌석마다 둘러보며 승객들이 불편함이 없는지 살폈다.

휴스턴으로 향하는 미국 국내선 여객기의 창으로 하늘과 바다가 구분되지 않는 태평양 바다가 쪽빛으로 펼쳐져 있고 기내에서는 승객들의 지루함을 덜어주기 위해 영화가 상영되었다.

오래 전에 국내에서도 방영된 적이 있는 한국전쟁을 소재로 한 〈메쉬〉였다. 〈메쉬〉는 한국동란 때 한 야전병원을 무대로 한 오락영화로서, 전쟁에 대한 이야기라기보다는 잘 각색된 코미디영화였다. 비행기의 폭격장면이나 진격하는 부대와 피난민의 행렬은 전쟁의 참상을 잘 보여주고 있었지만 무대가 야전병원 세트장으로 바뀌면 폭소가 쏟아지는 난장판이 연출되었다.

흰 저고리에 검정 치마 차림의 여인이 백인 병사와 짙은 음담패설을 주고받았다. 흑인 병사가 환자복을 입고 지게 목발을 두드리다가 초콜릿과 껌을 던지면 피난민 아이들이 개미 떼처럼 모여들었다.

빡빡 깎은 소년의 머리를 뒤덮고 있는 더럽고 추한 누런 색깔 농양이 클로즈업되었다. 노랑머리에 푸른 눈을 가진 아이와 곱슬머리에 검은 피부를 가진 서양 아이들 속에 머리가 검고 얼굴이 누런 빛깔인 아시아계 아이들이 보였다. 그곳은 황색과 흑 · 백색이 어우러진 인종 전시장 같았다.

나는 화면 속의 배우들이 웃어대는 소리, 비행기의 폭격 소리, 쿵쿵대는 포성에 귀가 멍해졌다. 언뜻 스쳐 지나가는 장면 속에 너무나 친숙하고 어디선가 본 듯한 얼굴이 떠올랐다.

언제인가. 무척 오래 전 까마득히 잊어버리고 살아왔던 기억의 회로가 작동했다. 포성과 웃음 속에서 제트기의 엔진 소리가 '웅' 하며 이명이 되어 실타래처럼 흩어져버린 옛날의 실마리를 풀기 시작했다.

*

그해 여름은 은어가 유난히 많이 잡혔다. 나는 전날 마을 앞 시냇물에서 은어잡이와 물놀이를 심하게 하여 늦잠에 빠져 있었는데 하동 읍내에 분가해 살고 있는 큰형이 황급히 달려와 가족들을 깨웠다.

"읍내에 인민군들이 들어왔다. 어서 피난을 가야 해. 일어나서 피난 보따리를 챙겨라!"

"국군들은? 자치대원들은?"

아버지가 안방 문을 열면서 큰 소리로 물었다.

"국군은 없고 자치대원들도 다 죽어간답니다. 읍이 떨어질 시간이 얼마 안 남았소, 속히 피난을 떠나야 해요, 어머니도 얼른 짐 꾸리고 나갑시다."

큰형은 소달구지를 마당 가운데로 끌어내며 소리쳤다.

철부지 조카들은 어디론가 떠난다는 사실에 신이 나 있었다. 이제부터 시작되는 피난의 고생을 알 턱이 없었다. 사실 나도 그 시절에는 피난이 무엇인지 모르고 있었다.

한국전쟁 발발 후 서해안 쪽으로 해서 파죽지세로 남하한 인민군은 전투다운 전투를 치르지도 않고 하동읍까지 일사천리로 들이닥쳤다.

하동읍과 우리 마을은 작은 고개를 경계로 지척 간이었다. 읍내에서 넘어온 피난민 행렬이 마을 앞 신작로를 따라 며칠 전부터 이어지더니, 마을 사람 중에도 서둘러 피난길을 떠난 집도 몇 있었다. 그러나 대부분의 사람들은 큰형이 전하는 놀라운 소식에 혼비백산하여 어쩔 줄 몰라 했다. 그야말로 난리가 난 것이다. 어른들은 닥치는 대로 쌀자루를 지고 나서기도 하고, 이불이며 가재도구 따위를 챙겨 지거나 들었다. 아이들도 나름대로 자신의 힘에 맞도록 책보冊褓며 가벼운 문갑하며 요강을 들거나 메고 따랐다. 걸음마를 하는 아이들은 걸리고, 노쇠한 부모는 급한 김에 지게에 지고 나서는 집도 있었다. 소달구지가 있는 집은 생활에 필요한 짐을 산처럼 싣고 나섰다.

그 중 뒷집에 사는 친구 창영이네 집은 피난 짐을 가득 실은 소달구지 위에 가보 1호인 버크셔Berkshire 종돈種豚을 싣고 있었다. 자리가 불편한 돼지는 계속 꿀꿀대면서 침을 흘리고 있었다.

창영이네는 이 종돈이 살림 밑천이어서 어디를 가든 이놈을 데리고 가지 않을 수 없는 형편이었다. 개량된 종돈인 이 버크셔 돼지는 당시만 해도 재래 조선돼지만 키우던 농가에게는 구세주처럼 보이는 획기적인 종자돼지였던 것이다. 이놈을 발정 난 암돼지에게 데리고 가서 교미를 시키면 암돼지를 키우던 집에서는 곡식도 주고 약간의 사례를 했으므로 버크셔는 창영이네의 양식이고 용돈이었던 것이다. 창영이 아버지는 이 돼지를 몰고 다닐 때 가장 활기에 넘친 모습을 보였었다.

삽시간에 마을이 텅텅 비었다. 잽싼 집들은 벌써 길을 떠났다. 조금은 늦지만 종돈을 실은 창영이네 소달구지가 앞장을 서고 우리 가족이 뒤를 따라 좁은 동네 길을 나와 신작로에 들어섰다.

그때 종돈을 껴안고 있던 창영이가 소리쳤다.

"야! 종희야. 우리가 잡아둔 은어는 어떻게 하고 피난을 갈끼고, 내사 마 못 가겠다."

"하모, 은어가 큰일이다, 다 죽겠다. 우짜면 좋노?"

나는 졸지에 피난길을 가고 있다는 사실을 잊었다.

"니도 나하고 같은 생각을 하고 있나? 창영이가 낮은 소리로 말했다.

"맞다, 이대로 떠날 수는 없다."

전날 낚시로 잡아 모래밭 가장자리에 구덩이를 파고 숨겨두었던 은어들은 한여름 염천에 물이 마르면 더위와 산소 부족으로 배때기를 하늘로 향한 채 죽을 것이었다. 어린 시절의 사고방식으로는 피난길보다는 애써 잡아놓은 은어가 아까웠을 뿐만 아니라 은어를 잡기 위해 꿤 은어가 더 걱정이 되었다. 피난길 정도야 곧 따라잡을 수 있을 것 같았다.

우리는 눈짓으로 행동에 옮겼다. 소달구지가 마을 어귀를 돌아서 시야에서 사라질 때까지 냇가의 물버들 숲에 숨어 있었다.

창영과 나는 동갑내기에 하루 차이로 태어나 마치 쌍둥이 형제처럼 지냈다. 내가 하루 늦은 관계로 동생 취급을 받았다. 그러나 나는 일곱 살에 국민학교에 입학하여 중학 1학년의 여름방학 중이었고 창영이는 여덟 살에 입학해서 국민학교 6학년 여름이었다.

나중에 이야기 되겠지만 국민학생과 중학생이라는 1년 차이가 우리 인생을 너무나 다르게 바꿔 놓을 줄이야 그때는 누구도 상상조차 할 수 없었을 것이었다.

마을은 적막강산이었다. 전쟁의 먹구름으로 동네가 텅 비어 피난의 혼적조차 없었다. 더욱이 냇가는 검정색 잠자리와 소금쟁이의 날갯짓 소리가 들릴 정도로 조용했다.

"야, 이놈이 반가워서 어쩔 줄 모르는구나!"

"내 것도 마찬가지다. 보자, 오늘 한판 신나게 은어 놈들을 꿰어 볼까나…."

전날 잡아 냇가 풀숲 구덩이에 숨겨 두었던 은어들이 우리가 다가가자 숨을 자리를 찾느라 바쁘고, 꾐 은어는 코걸이를 풀려고 요동을 쳤다.

여름 시냇가는 우리들 세상이었다. 아침부터 냇가에 나온 우리들은 소를 산등성이 묏자리 근처 소나무에 매어 놓고 해가 질 때까지 멱을 감으며 피리(피라미의 방언)와 은어를 잡았다. 어떨 때엔 퉁가리를 잡다가 쏘여서 울기도 했다. 해가 구름에 가려 추워지면 바위에 누워 이제 막 잔털이 삐쭉하게 돋는 고추를 내어놓고 "해야 나오느라 김칫국에 밥 말아먹고 장구 치며 나오느라."라는 노래를 불렀다.

은어나 피리를 잡아서는 훔쳐온 고추장에 찍어 먹었다. 피리는 담백하며 고소하고 은어는 싱싱한 수박 냄새가 풍겼다. 은어의 그 상쾌한 맛은 지금도 잊을 수 없다.

은어는 태어난 곳을 찾아와서 사는 회귀성 어류이다. 지난해 섬진강의 지류에서 부화한 치어들은 강을 따라 내려가 바다에서 생활하다가 이듬해 자신이 태어난 곳으로 찾아온다. 봄부터 하동포구를 거쳐 섬진강에 오른 은어는 강을 따라 올라가면서 더욱 성장했다. 한여름 섬진강의 지류인 마을 앞 용소는 은어 떼가 물 반, 고기 반이었다.

우리는 풀덤불에 숨겨두었던 낚싯대에 꾐 은어를 달았다. 용소 가장자리는 냇물 바닥에 부딪친 하얀 공기 방울들이 푸른 물속에 작은 거품 덩어리를 이루었다. 물속 바위 표면은 옅은 갈색 이끼가 끼어 있었다. 자세히 들여다보면 은어가 긁어먹은 자국이 보였다. 은어를 잡는 요령은 이런 자국이 많은 곳에 낚시를 던져 꾐 은어를 접근시킨다. 그러면, 서로 영토 싸움이 일어난다. 자리를 지키려는 은어는 격렬한 몸싸움을 벌이면서 꾐 은어 뒤에 숨어 있는 낚싯바늘에 몸의 어느 부분이든 걸리게 된다.

은어의 본능을 이용한 이 방법이 통하는 것은 물고기의 지능이 간사한 인간의 지능보다 낮기 때문이다. 바늘에 꿴 은어는 온몸을 바둥거린다. 은빛 비늘이 햇빛에 반사된다. 대나무의 탄력이 낚싯줄에 매달린 은어를 허공에 날려 올린다. 짜릿한 손맛이 전해진다.

얼마나 시간이 흘렀을까. 말없이 은어잡이에 열중하던 창영이 시큰둥하게 말했다.

"오늘은 은어가 기똥차게 잘 잡히는데도 별 신명이 안 난다."

"그러게 말이다. 이렇게 많이 잡히기는 생전 처음이다. 고추장이 없어서 다 먹어치우지 못할 것 같고 이 많은 은어들을 어떻게 한다?"

"살려줄까? 불쌍한 생각이 든다. 친구들이 있을 텐데."

창영이 등지느러미가 낚싯바늘에 꿰여 축 늘어진 은어를 보며 측은한 표정을 지으며 속삭였다.

정말 재미없었다. 아이들이 뭉쳐 놀면서 지르는 소리와 아낙네들이 두들기는 빨랫방망이 소리, 물소리 새소리로 소란하였던 냇가는 정적만이 흘렀다.

소리 없이 햇살만 따갑게 지글거렸다. 더위를 잊게 한 매미, 여치 같은 풀벌레 소리조차 그쳤다.

너무 조용했다. 마을은 낮 귀신이 나올 듯 괴괴했다. 우리 둘은 누가 먼저랄 것도 없이 소달구지가 사라진 신작로 모퉁이를 보았다. 도로에는 바싹 달구어진 자갈에서 나오는 열기가 아지랑이로 피어올랐다.

"우리 그냥 따라갈 걸 그랬다. 그지?"

창영이 겁먹은 표정으로 나를 바라보며 말했다.

"그래 뭐가 잘못되기는 한 것 같은데, 왠지 찜찜하다."

사실 나 자신도 슬슬 밀려오는 불안감에 안절부절못하는 판이었다.

우리는 서둘러 모래어항의 둑을 터서 은어를 방류했다. 발길에 채인 모래 둑이 무너지자 힘이 남은 놈들은 얕은 여울을 타고 기사회생으로 빠져나갔다. 배때기를 물 위로 향한 몇 마리는 균형을 잡으려 안간힘을 쓰고 있었다.

우리는 풀 더미로 덮어놓았던 책 보따리를 어깨에 가로질러 매고서 잽싸게 냇가를 빠져나가기 시작했다.

바로 그때였다. 갑자기 귓전에서 징을 두드리는 소리가 들리면서 노랑색 가막사리 꽃잎이 나비처럼 날아올랐다. 바싹 마른 모래밭에 우박이 떨어지듯이 땅이 파이면서 모래알이 흩어졌다. 마치 보이지 않는 수없이 많은 쇠꼬챙이가 모래밭을 한꺼번에 쑤셔버리는 것 같았다. 무슨 일이 일어났는지 생각해 볼 겨를이 없었다. 다만 본능적으로 노랑 빛 가막사리 덤불에 머리를 처박았다.

그리고는 주위가 조용해졌다. 고개를 들어보니 창영이 어느 틈에 냇가 모래밭에 가서 누워 있었다. 비명 소리를 질렀는데 그 소리는 알아들을 수 없었다. 한쪽 다리를 하늘로 향한 채 비명을 질러대었다. 종아리에서 검붉은 피가 흘러내렸다.

뒤쪽에 인기척이 있었다. 나는 놀란 눈으로 산비탈을 타고 조용히 다가오는 사람들을 보았다. 생전 처음 본 미군이었다. 앞장서오는 키가 무척 크고 얼굴이 새까만 사람이 총을 겨누며 다가왔다. 바로 쏠 것 같은 자세였다. 경황 중에도 나는 그들이 우리를 인민군으로 오해한다는 생각을 하였다. 어쩌면 저들은 까까머리에다 책 보따리를 둘러멘 우리를 보고는 적이라고 판단했을 거라는 생각이 들었다. 엉겁결에 나는 이렇게 소리를 질렀다.

"아이 엠 스쿨 보이! 아이 엠어 스쿠르 보이!"

"야, 창영아. 아이 엠 스쿨 보이라 소리 질러라. 그래야지 산다!"

"뭐라꼬 스쿠르 뽀이? 아이고 내 다리 피가 난다! 너무 아프다."

"스쿨 보이라 캐라, 스쿨 보이!"

내가 다급하게 재촉하는 말을 알아들은 창영이 미군을 향해 숨이 넘어가며 소리쳤다.

"수쿠르 뽀이! 나는 스쿠르 뽀이입니다, 살려주십시오. 아이고 내 죽겠다. 이게 무슨 난리고."

어느 사이 우리 둘의 주위에 참나무 잎과 싸리나무 등으로 위장한 군인들이 산비탈과 냇가를 가득 메웠다.

"아 유어 스쿨 보이?"

권총을 겨누며, 높은 계급인 듯한 백인이 물었다.

"예스, 예스! 아이 엠 스쿨 보이, 아이 엠 미들스쿨 보이. 히 이즈 마이 프렌드, 히 이즈 스쿨 보이!"

나는 정신없이 영어를 주워 담아 씨부렁거렸다.

중1년 유니언인가 하는 교과서에 나오는 내용들을 외운 그대로 책을 읽듯이 뇌까렸다.

"잇 이즈 스프링 나우"

여름 냇가에서 봄소식을 전했다. 머리에는 지난해에 만들어진 갈색 가막사리 씨앗을 숭숭히 덮어쓰고 신들린 사람처럼 영어를 짜내었다. 그들은 차츰 재미있어 하였다.

내 딴은 제법 억양을 살리고 영어 선생님의 발음을 흉내 내었다. 그래서 제법 잘되어 가는가 싶었는데, 고작 첫 학기 영어에 입문한 내 교과서의 진도를 몇 번 외다가 보니 밑천이 바닥나 버렸다.

이제 내가 영어 말하기와 읽기를 그만두는 순간, 그들의 번쩍이는 총구에서 벼락 같은 소리로 총알이 나올 것만 같았다. 살아야 한다. 아마 내 영어 소리가 끝나는 그때를 기다려 우리 둘을 죽일 것이다. 나는 한국말을 모르는 사람처럼 영어로 숨을 쉬었다. 나의 팬터마임에 가까운 영어 솜씨에 군인들은 우습다는 표정을 짓고서 총을 어깨에 메거나 개머리판을 모래밭으로 향한 채 우리 둘을 에워싸고 있었다.

문법이든 화법이든 발음이든 틀리면 어떠랴, 영어라 생각되는 모든 단어를 짜내었다. 영어 시간에 빵소니쳐서 밀 서리, 수박 서리, 은어잡이를 한 일이 너무 늦게 후회가 되었다.

"아 이럴 줄 알았다면 영어 공부를 정말 열심히 할 것을…."

하고 후회를 하면서도 숙제를 하지 않아 영어 선생님으로부터 손바닥을 맞았던 일이 엉뚱하게 고마운 생각이 들었다.

그러다가, 책 보따리 속의 영어책이 떠올랐다. 궁하면 통한다고 한다. 서둘러 책을 펴서 레슨 원에서 시작하여 배운 데까지 단숨에 읽어 내려갔다. 영어 책이 그렇게 고마울 수가 없었다. 내가 여기서 죽지 않는다면, 나는 평생 영어책을 품고 살리라(이 맹세는 이루어졌다고 본다). 그런데 레슨 세븐을 읽고 나니 무슨 말인지 읽을 수가 없다. 지난 방학 전에 수업을 몇 시간이나 빼어먹어 더 이상 진도가 나가지 않았다.

미군들이 눈치를 챌지도 몰랐다. 나는 내 한계가 드러난 것을 그들이 느끼지 못하도록 재빨리 레슨 원에서 다시 읽기 시작했다. 권총을 겨눈 백인이 왼손 바닥을 들어 보였다.

이제, 영어 밑천이 끝이 났으니까 죽이려는가 보다. 공포가 엄습해오며 온몸이 사시나무 떨리듯 마구 떨리기 시작했다.

"오케이 아이 언더스탠드, 유 아 스쿨보이 앤드 히 이즈 유어 프렌드."

이게 무슨 소리인가? 그가 내 영어를 알아듣고는 영어로 답을 했다. 난생처음 미국 본토에서 온 미국인과 영어 회화가 되는 순간이었다.

"종희야, 이 껌둥이 아저씨에게도 내가 인민군이 아니라고 말 좀 해줘라! 총 쏘지 말라고 하거라! 니는 중학생이라 영어를 잘하니까 살끼고 나는 영어 못하니까 죽일지도 모른다."

"무조건 스쿨 보이라 하면 살길이 열린다. 스쿨 보이."

머리에 가막사리 씨앗을 잔뜩 뒤집어쓴 채, 창영의 얼굴색이 새하얗게 변해 있었다. 출혈이 심하여 말조차 하기 어려운 듯이 기진맥진한 상태였다.

그 사이에 열십자로 붉은 십자가를 새긴 완장을 찬 군인이 창영의 다리에 압박붕대로 응급조치를 한 다음 무슨 성분인지 모르지만 주사를 놓아주었다. 나중에 생각해 보니 몰핀 주사가 아니었나 싶었다. 햇볕에 타서 새까맣던 창영의 얼굴이 배앓이 하는 아이 얼굴마냥 백지장처럼 창백했다. 눈알이 우시장에 팔려 나가는 소의 겁먹은 그 눈빛이었다. 무슨 말을 하려고 했지만 기진한 상태였다. 창영은 들것에 실려 신작로에서 앰뷸런스로 옮겨졌다.

나는 미군들과 함께 피난민들이 지나간 신작로를 따라 걸었다. 우리는 진주를 향해 가다가 얼마 가지 못한 지점에서 피난민의 행렬에 길이 막혔다.

백인 장교가 피난민 사이에서 무어라 말을 하였다.

"어디서 왔으며, 어디로 가느냐?"

피난민들이 화들짝 놀라서 주춤주춤 물러섰다. 다이아몬드 세 개인 이 장교는 답답한 표정을 지었다. 그곳에서 병아리 눈물만큼이나 영어를 알아듣고 알파벳을 아는 그 정도 영어가 통하는 사람은 나밖에 아무도 없었다. 나는 그날 바로 장교의 통역으로 현지에서 임명이 되었다. 창영과 나는 그렇게 헤어졌다. 앞서 잠깐 언급했듯이 영어를 배웠다는 사실 하나만으로 나는 통역의 길을 갔다. 그러나 창영은 어디로 갔는지 몰랐다. 그 후 창영을 찾아보려고 생각을 하지 않은 건 아니었다. 하지만 삶과 죽음이 교차하는 전선을 누비고 다니면서 나는 부모 형제도 잊고 단지 내가 사는 그것에만 열중했을 뿐이었다.

*

"뭘 좀 드릴까요?"

미인대회에서나 봄직한 늘씬한 여승무원이 카트를 세워놓고 물었다.

"위스키 주세요."

"스트레이트?"

"네."

목이 칼칼했다. 오십 수년의 세월이 어떻게 흘러갔는지, 너무 허망한 생각이 들었다. 진한 알코올이 목을 타고 넘는 순간 무슨 술인가를 알아차린다. 통역시절부터 미군들과 함께 마셨던 독한 술 종류였다. 한 모금을 꼴깍 삼켰는데도 식도를 지나며 즉각적으로 반응이 오는 그 향과 맛은 긴장을 풀어준다. 목 안이 짜릿해 오며 화끈한 기운이 위장까지 전해졌다. 그리고는 취기가 올랐다.

처음 위스키를 마셨던 순간을 기억한다.

영화 속은 폭격에 폐허가 된 집의 모퉁이에서 립스틱을 빨갛게 칠한 여인들이 위스키 병으로 나팔을 부는 군인들과 농지거리를 하는 장면이다.

내가 처음 위스키를 마셔 본 날은 저 군인들마냥 병나발을 불었다. 술이 어떤 것인지를 잘 몰랐으나 마시면 기분이 좋고, 간이 커지다가 나중에는 하늘이 빙글빙글 돌다가 꼬부라지는 정도를 경험

한 적이 제법 있었다.

*

창영과 나는 막걸리를 담아 놓은 우리 집 아랫방에 몰래 들어가 한창 발효 중인 술독에 대마를 삶고 난 뒤, 남은 하얀 속대를 꽂고 달큼한 동동주 전주를 빨아 마셨다. 술이 위 속으로 흘러 들어가면 금방 기분이 좋았다. 퀴퀴한 냄새가 나는 아랫방에는 술독에서 누룩과 찹쌀이 적당하게 어우러져 뽀글대는 소리가 났다. 우리는 후텁지근한 방 안에 가득히 퍼진 막걸리 향에 절어서 잠들었다가 어머니한테 들켜 혼쭐이 빠진 경우도 많았다.

마을을 떠나 첫 야영을 하는 날 밤이었다. 포성이 가까이 들렸다. 나는 내일 해가 밝으면 피난민 행렬을 따라 가족들을 찾아 나서기로 작정을 했다. 미군들은 마치 소풍 나온 아이들처럼 소란스럽게 웃고 떠들다가 잠이 들었다. 장교가 마련해준 잠자리에 든 나는 불안에 떨며 잠을 이루지 못하였다. 이러한 나에게 장교는 그가 마시던 술병을 건네주며 마시라는 표정을 지었다.

술병을 입에 대고 목을 뒤로 젖히는 순간 뜨겁고 짜릿한 술이 목구멍으로 쏟아졌다. 숨을 쉴 수가 없었다. 기도가 막히지 않게 넘쳐흐르는 술을 꿀꺽거리며 마셨다. 술병을 입에서 떼어내자 심한 재채기가 나왔다. 여기까지는 기억이 났으나, 그 뒤로는 어떤 일이 벌어졌는지 몰랐다.

정신이 들고 보니 심한 갈증이 났다. 해가 중천에 떠 있는 정오였다. 물을 마셔야겠다는 생각에 벌떡 일어나서 두리번거렸다. 그 순간 누군가 나를 심하게 쓰러뜨렸다. 굉장한 폭음이 작렬했다. 지척에서 포탄이 터지고 총소리가 가득했다. 전날 밤에 야영했던 장소에 참호가 파여져 있고 전투가 벌어지고 있었다. 총알이 난무하는 전선에서 나는 다시 깊은 잠에 빠졌다. 가족을 만나야 할 일은 잊어졌다. 더욱이 창영에 대한 생각도 나지 않았다.

깊은 수렁이 나를 기다렸다. 용소의 가장 깊은 곳, 언제나 소용돌이치는 그곳으로 배때기를 하늘로 향한 은어 떼와 함께 나는 깊이 빠져들었다. 이 광경을 주시하는 큰 눈이 있어서 자세히 보니 창영의 종돈이 걱정스런 눈빛으로 이 광경을 지켜보았다.

"아! 내가 물에 빠져 죽는가 보다."

하며 눈을 뜨니, 전투는 소강상태로 바뀌어 서로 대치한 채 날카롭게 노려보는 중이었다.

"유아 오케이?"

장교가 나를 보더니, 수통을 주면서 웃었다. 곁에 있던 미군들이 함께 웃었다. 머리에 붕대를 감은 흑인 병사가 손으로 해를 가리키며 웃었다. 피부는 검지만 손바닥은 무척 희다는 느낌이 들었다.

나의 인생에 위스키 병나발은 정말 잊을 수 없는 사건이었다. 그날 술에 취해 세상 모르게 떨어진 다음, 나는 미군과 함께 그들의 통역이 되어 함안의 여항산 전투에서부터 진동고개전투, 낙동

강전투, 서울 수복, 1 · 4후퇴 그리고 휴전 때까지 참가하였다.

이날이 1950년 7월 27일쯤으로 기억한다. 훗날 한국전쟁사 자료를 보다가, 내가 위스키에 취해 뻗어버린 그날이 바로 한국전쟁 중에 최초로 한국군 장군이 전사한 하동군 적량면 계동고개 전투가 있었던 날이라는 것을 알았다. 이 고개에서 한국군 전 육군참모총장 채병덕 소장이 북한군 6사단 방호산 소장의 매복 부대의 공격을 받았다. 그는 총알이 턱에서 머리로 간통하여 즉사하였다.

부관이 장군의 시체를 트럭에 싣고 진주로 후퇴를 하였는데, 이날 많은 한국군이 전사하고 미군들도 엄청난 피해를 보았다. 적량고개에서 벌어진 전투에서 미군 간부장교들은 매복해 있던 북한군이 조준하여 쏜 정확한 사격에 의해 속절없이 쓰러졌다. 이 전투에서 유일하게 피해를 면한 대위와 나는 부상병들과 섞여서 진주로 후퇴하게 되었다.

*

영화 화면에서는 여전히 립스틱을 짙게 바른 한국 여인들과 미군 병사들의 질펀한 농담이 이어졌다. 대부분 서양인인 승객들은 간간이 웃음을 참지 못하여 유쾌하게 웃었다. 그들에게 한국이란 나라는 전쟁의 참화에서 아직까지 벗어난 나라가 아니었다. 올림픽을 치르고 IMF를 졸업하여도 그렇게 좋은 인상을 주는 나라가 아닌 것이다.

립스틱 하면 여가수 임주리가 부른 '립스틱 짙게 바르고' 라는 노래가 자연스럽게 흥얼거려진다. 아내의 십팔번이 이 노래란 사실을 안 것은 직원가족 회식 후 2차로 간 노래방이었다. 애조를 띠며 허스키로 노래하는 그녀는 마치 무대에 선 다른 여인으로 느껴졌다. 그녀에게도 어쩌면 '아침에 피었다가 저녁에 지는' 그런 사랑이 있을 수 있다는 생각이 들었다. 쓸데없는 망상이었다. 늙어가며 아내의 사랑 문제를 들춰낼 필요는 없었다. 가정의 화목을 중시하는 나는 뭐든 아내와 함께하리라 작정하고 아내가 즐겨 부르는 이 노래를 종종 따라 불렀다.

립스틱의 의미는 이미 노래 가사에까지 사랑을 의미하며 불려지고 있지만 영화 〈메쉬〉에서의 한국 여인이 짙게 바른 립스틱은 웃기기 위한 분장도구에 불과했다. 배우들이 낄낄거리며 껌과 씨레이션 박스를 높이 들었다. 그러자 조무래기 아이들이 우루루 몰려나왔다.

"할로 추잉 껌! 기브 미! 내 주이소!"

"할로, 할로…."

아이들의 손이 바닷속의 말미잘처럼 흔들렸다.

껌, 초콜릿, 비스킷이 아이들의 머리 위로 떨어졌다. 그것들을 주우려고 한바탕 소동이 벌어진다.

젊은 시절, 워싱턴 한국대사관의 농무관실에 잠시 근무한 적이 있었다. 어느 날 TV 화면으로 미시시피 강가에 있는 뉴올리언즈시에서 진행되는 마디그라 축제의 중계 장면을 본 적이 있었다.

도시를 가득 채운 가장행렬에서 관광객을 향해 사탕, 동전, 인형, 형형색색의 플라스틱 목걸이 등을 던지면 너도나도 손을 벌려 줍는다고 난리 법석이었다. 현란한 가장행렬과 밴드 소리, 흑인노예 후손들의 재즈 음악 리듬은 광란의 극치였다. 그들이 던지는 물건들과 지금 화면에서 아이들에게 던져주는 그것이 어떤 의미를 가지고 있다는 것을 모르는 건 아니지만 던져주는 자와 받으려는 자의 등식은 똑같다는 생각을 하였었다.

미국에서 체류하는 기간이 좀 더 길었으면 창영을 만날 기회가 있었을 것이었다. 그 시절 나는 박정희 대통령의 죽음에 따른 혼미한 정국 관계로 눈코 뜰 시간이 없을 정도로 바쁜 시기였다. 어렵사리 짬을 내어 몇 번 창영의 소식을 수소문하고 틈틈이 장거리 전화를 걸기도 하며 그와의 접촉을 시도했으나 결실을 얻지 못한 채 귀국 명령을 받고 말았다. 그리고 어느 틈에 삼십여 년이 지나버렸다.

*

껌과 초콜릿이 하늘에서 떨어진다.

"기브 미, 껌!"

"껌, 껌! 여기로 던지소. 초콜릿…."

소리가 멀어지며 차츰 가늘게 들렸다.

창영을 마지막으로 한번 본 적이 있었다. 전쟁이 혼미한 상태로 바뀌면서 1 · 4후퇴를 앞둔 날이었다. 나는 미군 총사령관 리지웨

이 중장의 부대에 배속되어 있었고, 오후 3시를 기하여 실시되는 서울 철수작전에 참가했다.

군부대의 철수로 인하여 한강다리는 피난민이 이용할 수 없었기 때문에 그들은 다리의 양쪽을 따라 미처 통제되지 않은 얼음 위를 건넜다. 아이를 안거나 업고 머리에 산더미 같은 보따리를 인 아낙네와 병들거나 나이 많은 노인을 지거나 업은 힘겨워 하는 사람이 보였다. 걸을 수 있는 제법 큰 아이들은 어른들의 손을 잡거나 뒤에 바싹 붙어 따라갔다. 모래를 품은 찬바람이 행렬에 몰아쳤다. 누구도 아무 말도 하지 않고 묵묵히 강을 건넜다.

간혹 얼음이 내려앉아 소달구지가 빠져도 누구 한 사람 쳐다보지 않았다. 얼음 속을 빠져나오려고 필사적인 몸부림을 치는 소의 놀란 눈, 그것은 영원히 망각할 수 없는 처참한 광경이었다. 우리집 소가 생각났다. 지금쯤 가족들을 달구지에 태우고 어디론지 가고 있을 소가 그리웠다. 가족들은 어떻게 되었을까. 내 친구 창영이는 살았을까 죽었을까. 나는 강바람에 얼굴이 어는 것 같은 얼얼함을 느끼면서 흐르는 눈물을 손등으로 닦았다. 그러나 이내 눈물을 닦는 것을 그만두었다. 모래가 섞인 바람이 피부를 너무 따갑게 자극했기 때문이다.

피난민들은 그저 묵묵히 얼어붙은 한강을 도강하여 서울을 떠났다. 이날 늦은 오후, 한강변에 설치한 전투지휘소에서 동행한 미군 중령(하동에서부터 계속 그와 함께 다녔다. 처음 만났을 때 대위였던 그는 중령으로 승진했다)과 나는 군 병력의 도강작전을 지켜보고 있었다. 이때 나는 미군 의무대 일행들과 함께 앰뷸런스에 오르는 한 소년의 모습을 보았다. 큰 야전군복 속에 자라처럼 머리를 숨긴 그 소년은 부상자의 팔에 연결된 링거 병을 들고서 차에 올랐다.

창영이 틀림없었다. 그 사이에 덩치가 커지고 키가 부쩍 자라서 어린 소년이라고 볼 수 없을 정도였다. 나는 먼발치였으나 첫눈에 창영을 알아보았다. 그도 나처럼 미군들과 함께 전선을 떠돌고 있었던 것 같다. 탱크의 엔진 소리와 차량들의 경적이 한강을 가로지르는 칼바람 소리 속에서 나는 창영을 불렀다. 창영이 나의 소리를 들었는지 손짓을 했다. 내가 차에서 내려 다가가는데 앰뷸런스의 뒷문이 닫혀버렸다. 그 다음 중령이 지프차를 전진시켰다. 나는 황급히 되돌아와 중령의 뒷좌석에 앉았다. 뒤돌아보니 앰뷸런스는 한강을 건너가 버리고 우리는 시가전이 시작되는 서울 도심으로 이동했다. 그것이 고향 시냇가에서 헤어진 후 처음 본 창영이었고 또 창영을 마지막으로 본 것이었다.

길고도 긴 전쟁이 끝나고 휴전협정이 되었다. 사오 년을 떠났던 고향으로 돌아오니 고향은 변해 있었다. 용소 가에서 놀던 아이들이 보이지 않았다. 냇가와 산야는 변함없이 그대로 있었지만 마을 사람들은 태반이 줄어 있었다. 서울이나 부산 등지에서 정착한 사람들은 돌아오지 않았다. 학도병으로 끌려가서 전사한 사람과 피난 중에 죽은 사람, 잃어버린 아이들 그리고 창영의 가족처럼 온 가족이 변을 당한 집들도 있었다.

휴전 후 들리는 소문에 의하면 창영이 부산의 미군 부대인 하야리야 부대에서 하우스 보이로 일한다는 소식이 있었다. 고향 사람 누군가 창영을 우연히 보았다는 사람도 있었다고 하였다.

그 무렵 나는 어렵게 중등학교 과정을 마치고 주간은 미군의 통역으로 시청에서 일하고 야간은 서울에서 피난 온 대학을 다녔다.

부두는 각종 물자를 싣고 정박한 배들로 붐볐다. 부산 시가는 갑자기 늘어난 피난민들로 도시 전체가 아수라장이었다. 바닷가를 따라서 길게 형성된 시가지는 판잣집이 즐비했고 산비탈은 움집과 판잣집이 간간이 남은 소나무를 밀어내고 빼곡히 차 있었다. 시장 통에는 배고픈 피난민, 걸인, 고아, 장사치들이 몰려다녔다. 군복 차림의 상이군인들이 의족이나 의수를 내두르며 거리를 배회했다. 유엔군들은 삼삼오오 무리를 지어서 술집을 드나들었다. 하찮은 일로 곳곳에서 싸움이 일어났다. 전란을 겪은 이 나라는 악만 남은 사람들의 천국이었다. 군인들은 텍사스 촌과 완월동 삼각지에 있는 윤락녀들에게서 시름을 풀었다. 이런 판국에 창영에 대한 기억이 유지될 턱이 없었다. 하루하루를 힘겹게 사는 생존의 법칙만이 존재하는 각박한 시절이었다.

그러던 어느 날 하야리야 부대에서 온 미군 연락병이 창영의 소식을 전했다. 이번에 본토로 귀국하는 야전병원의 의무부대에 하우스 보이가 하나 있는데 아마 내가 찾는 창영이일지도 모른다는 것이었다. 그는 어느 군의관의 양아들이 되어 정식으로 미국으로 입양될 계획이며, 전쟁 중에 부모 형제 모두가 폭격으로 사망하여 미국으로 가기를 희망하였다고 했다.

그 당시에는, 미국으로 간다는 것은 고아뿐만 아니라 많은 한국인의 열망이었다. 너도나도 미국행 배를 타려고 연줄을 찾아 이리저리 설치고 있는 상황이었다. 이런 때 창영의 미국행이라니 어쩌면 최고의 행운이 될지도 몰랐다. 그렇다고 창영이 일부러 미국행을 먼저 원하지는 않았을 것이었다. 이미 어린 나이를 지나 열아홉 살의 청년이 된 시기에 미국행을 결정하기까지는 많은 갈등과 번민의 나날을 보냈을 것이었다.

고향 용소 가에 무리 지어 노란 꽃을 피우는 가막사리는 씨앗에 갈고리 같은 가시털이 있어 한번 옷에 붙었다 하면 떨어지지 않는 여간 귀찮은 식물이 아니다. 사람이나 동물의 몸에 붙어서 씨앗이 퍼지는 가막사리는 멀리 씨앗을 떠나보내며 '어느 곳이든 가서 막 살아라' 라는 꽃말이 있다. 창영은 이처럼 미군의 몸에 붙어 미국으로 건너갈 수도 있겠지만 그의 경우, 전쟁통에 부모 형제가 세상을 떠난 마당에 한국에 혼자 남아 살 수가 없었기 때문에 미국행을 결정했을 거라고 생각했다.

내가 하야리야 부대를 찾아간 날은 창영의 소식을 들은 지 한 주일이 지난 금요일 오후였다. 힘들게 외출을 허락받아 전차를 타고 서면에 도착했을 땐 초겨울의 짧은 해가 기울고 있었다. 전차에서 내려 판잣집이 즐비한 시가지를 지났다. 맑은 물이 흐르는 시냇가를 따라 자갈길 신작로를 걸었다. 하얀 모래와 커다란 바위들의 아름다운 모습을 보면서 고향의 냇가를 연상했다. 무심코 물속을 헤엄치는 고기 떼를 관찰하였다. 시냇물은 작은 폭포를 이루기도 하며 바위에 부딪치면서 흰 포말을 만들고 흘러갔다. 한 무리의 피리 떼가 냇물을 거슬러 올랐다. 수양버들 잎이 떠내려가면 앞을 다투며 입질을 했다. 마치 고향 용소 시냇물에서 은어들이 무리지어 강을 오르는 모습과 너무나 흡사한 정경이었다. 고향하면 은어와 창영을 떼어놓을 수 없다. 녀석이 너무 보고 싶었다.

급한 마음에 발걸음을 빨리했다. 미군 트럭이 지나가며 구름처럼 흙먼지를 일으켰다. 트럭에 탄 미군들이 무어라 떠드는 소리를 뒤로하고 위병소에 도착한 시각은 막 하기식이 시작될 무렵이었다. 길을 가던 미군 병사는 나팔 소리가 울리자 경례 자세로 섰다. 의장대가 경건하게 국기 게양대에서 성조기를 내리고 접으면 하기식이 끝날 것이다. 이렇게 늘상 하면서도 수없이 반복되어 왔던 똑같은 하기식 시간이건만 이날처럼 너무 길게 느껴진 날은 없었다. 조바심이 일어났다.

나는 하기식 나팔 소리가 끝나자마자 위병 초소 밖에 있는 미군 초병에게 말을 걸었다.

“군인 아저씨 안녕하세요?”

"무슨 용무입니까?"

초병이 바리케이드 너머에서 물었다.

"나는 시청의 미 육군 소속 통역인데 친구를 만나기 위해 왔습니다."

"어떤 친구인가. 소속과 관등 성명을 말하라."

"관등 성명이라…."

갑자기 대답을 할 수 없었다.

하우스 보이가 관등 성명이 있을까. 하우스 보이라 하면 알아들을까. 미군 부대에 근무하는 한국인들 중에 관등 성명이 있는 자가 과연 몇이나 있을까. 하지만 관등 성명을 말하여야 했다.

"하우스 보이, 한국인, 그의 이름은 김창영, 근무처는 야전병원입니다."

"오우, 창영! 나 창영 압니다. 창영 좋은 사람입니다. 내가 커먼- 콜드(감기)로 머리 열이 올라 병실에 있을 때 형제처럼 간호해 주었습니다."

"예, 바로 그 사람입니다. 지금 만날 수 있을까요?"

"여기서 기다려요. 의무대에 전화해서 면회가 되는가를 확인한 다음에 알려 줄 것입니다."

초병 근무자가 창영을 알다니 이는 천우신조라 생각되었다. 그가 전화 통화를 하는 동안 나는 창영을 만난다는 기대에 가슴이 떨렸다. 어릴 적부터 함께 지내온 오만 가지 기억들이 한순간 뇌리를 스쳐갔다. 그 사이에 얼마나 변했고 얼마나 고생을 하였을까. 일가족이 몰살의 변을 당하고 혼자 세상을 살아가면서 외로움과 슬픔을 어떻게 견뎌내었을까. 내 마음이 아파왔다.

"미안합니다. 창영을 만날 수 없어요."

한참 뒤 전화를 걸고 돌아온 초병이 말했다.

"왜요?"

"그는 어제 떠났습니다. 귀국하는 양아버지를 따라 미국으로 갔어요."

이 소리를 들은 나는 너무나 큰 실망감으로 아스팔트 바닥에 주저앉았다. 저절로 눈물이 흐르고 억장이 무너졌다. 이 땅에는 수많은 이산가족들이 있고 흩어진 이웃들이 있었다. 하지만 모든 사람들이 슬퍼하는 이별의 아픔보다 창영을 부산의 한 하늘 아래서 같이 살면서 만나지 못하는 사실이 나는 더 슬펐다.

망각이란 인간이 살아가는 동안 참 필요한 시스템이다. 나는 가까스로 대학을 마치고 공직생활이 시작되면서 창영에 대한 연민은 잊었다.

늦은 결혼생활은 가족의 부양이라는 새로운 멍에를 지웠다. 한동안 사회는 혼돈스러웠고 희망은 암담했다. 그러나 평화가 지속되면서 새로운 욕구가 전 사회를 지배하기 시작했다. 이승만 정권은 터무니없이 독선적인 체제로 흐르기 시작하고 이에 저항하여 자연스럽게 국민들은 민주화의 열망에 휩싸이게 되었다. 4·19혁명에 이어 5 · 16 군사정부가 들어섰다. 그러나 이런 소용돌이 속에서도 공직사회는 다람쥐 쳇바퀴 돌듯 익숙하게 일정한 궤도에서만 맴돌았다. 언제나 새로운 정책이 시도되었다. 혁명, 쇄신, 정화, 감원과 퇴출들이 약방의 감초로 등장했다. 공무원들은 잘리지 않고 살아남기 위해선 새로운 사회에 적응하는 원만한 처세술이 필요했다. 그렇지만 나는 그렇지 못하였다.

지금 와서 생각해 보면 지난 사십여 년의 공직생활에서 나는 대부분을 국외자로 취급받아 승진이나 보직 면에서 항시 뒤로 밀려다닌 것 같다. 그러다 보니 비슷한 시기에 공직을 시작한 사람들이 승승장구하여 화려한 영예를 누리다가 대부분 조기 퇴직한 다음에도 나는 한직에서 힘겹게 목숨줄을 이어갔다.

직장을 옮길 기회가 두어 번은 있었다. 무역회사와 외국계의 정유회사가 있었는데 미적대다 호기를 놓쳤다. 관직이 그래도 안전하다. 국가가 망하기 전에는 급여를 못 받는 일은 없을 것이다. 온 집안 사람들이 나의 전직을 반대했다. 못 이긴 체하고 나는 안주했다. 그렇게 머리 숙이고 살면 될 일을 굳이 애써 어렵게 살 필요가 없다는 엉뚱한 생활 철학에 익숙해졌다.

세상은 명암이 존재한다. 화려한 영광 뒤에는 항시 그늘이 있다. 더 높이 올라 권력에 맛 들인 자를 부러워하기에는 그들이 머문 정상과 봄은 짧았다. 승진에 누락되고 이리저리 밀려다니며 술에 절여 살아가면서도 내 실력 하나만 믿고 살았다.

굵고 짧게 사는 자와 가늘고 길게 사는 자 나름대로 가치관이 다를 수 있다. 사자처럼 포효하며 사는 건강한 자는 돌연사를 하나, 병치레로 항상 병원과 약방을 드나들던 자는 의외로 오래 산다. 나는 공직 평생을 조명발 잘 받지 않는 부서로 옮겨 다녔다. 반면, 공직의 천수를 누렸다. 그 원인을 가장 잘 아는 사람은 바로 나 자신이다. 손을 비비고 굽신거리며 윗사람의 눈치를 잘 보아야 출세를 한다. 이러한 진리를 잘 알면서, 나는 내 직무에만 충실히 하는 그런 부류였다. 변명 같으나 미군들과 생활하면서 앞뒤가 막힌 원칙론이 융통성 없이 몸에 밴 탓인지 모른다. 물론 동기들이 높은 자리에 올라 나를 애처롭게 바라보면서 결재판을 던지는 때도 있었지만 분노하기보다는 삭이는 쪽을 선택했다.

나의 좌우명은 '일찍 핀 꽃은 일찍 진다. 많이 움츠린 개구리가 멀리 뛴다' 였다. 하나 나는 너무 움츠려 다리에 쥐가 나서 꼼짝 못하는 개구리였다.

어느 날 아침 일어나니 인생을 바꿀 유일한 탈출구가 보였다. 그 길이 어떤 확신을 주는 것이 아니라도 이상하리만큼 집착하였다. 문학을 전공한 사람들이 젊은 시기에 가져봄직한 신춘문예의 영광이 비전공자인 나에게 엉뚱하게 현실도피의 수단으로 떠올랐다. 만약에 당선만 되면 모든 사람의 관심과 찬사를 받을 수 있을 것 같았다. 그 무렵 나의 속마음은 소외감에서 벗어나 좀 튀고 싶었다.

"너희들이 나를 알아주었으면 좋겠다."

"나의 인생살이는 감히 당신들과는 비교하지 못할 큰 사건의 연속이었다. 나도 한때는 잘 나갔던 사람이다."

"내 영어 실력은 최고 수준이다."

마음속으로만 이렇게 소리 내어 외쳤다.

이때부터 낮에는 국가 일에 충성을 다하고 밤에는 술을 멀리하면서까지 중고 타자기에 매달려 내가 겪은 전쟁을 소재로 소설을 쓰기 시작하였다. 그런데 어떻게 된 판인지 창영이에 관한 이야기만 나오면 더 이상 진도가 나가지 않았다.

"당신이 무슨 문학도나 됩니까. 찬바람만 불면 해마다 이게 무슨 꼴이에요."

아내는 나의 변화를 못마땅해 했다.

"또 시작하네."

"시작은 누가 먼저 했어요. 당신이 저질러 놓고는 누굴 책망해요. 다른 사람들 봐요. 진급하랴, 재산 모으랴, 모두가 얼마나 바쁜 시간을 보냅니까. 그런데 반백이 되어가지고 아직 이 짓거리를 계속하다니 지겨워 정말, 지겨워서 죽겠어!"

아내의 질타에 할 말이 없었다. 글을 쓴다며 단칸방에서 아이들을 밖으로 내보내는 꼬락서니가 좋게 보일 턱이 없었다.

기억하기로는 사십대 후반까지 해마다 신춘문에 시절이 오면 연례 행사로 반복된 이 일은 아이들이 성장하여 대학에 갈 무렵에야 중단한 것 같다. 사실은 치기에 가까운 나의 글쓰기는 의욕이 앞서서 헛스윙 하기가 일쑤였다.

처음 신춘문예에 응모한 해부터 삼 년 정도가 지나서는 타자기를 안고 폼만 잡고 있다가 아예 응모조차 하지 못하고 보신각의 종소리를 들었다. 마치 긴장한 야구선수가 타석에 올라 너무 어깨에 힘을 주다 게임을 풀지 못하는 경우와 같았다.

마침내 나는 글쓰기를 슬그머니 포기하였다. 등단을 했거나 일정한 시간을 두고 그만두었다기보다는 주위의 여건, 특히 사무관 승진 시험이 임박하여 자연스럽게 신춘문예의 열병이 종식되었다고 보아야 할 것이다.

사무관 시험에 처음 낙방했다. 어떻게 된 판인지 시험지를 받아본 순간 문제가 보이지 않고 책상 위에는 하얀 빛만 있었다. 어이가 없었다. 평소 주위에서는 나를 보고 머리가 좋다고 말했었다. 물론 나 자신도 그렇다고 자인한 바도 있다. 그런데 시험을 망쳐버렸다. 자존심이 상했다. 부끄러웠다.

한 해를 재수하면서 너무 걱정이 되었다. 주위에서는 '몇백만원 벌금에 집행유예 1년' 이라는 소문이 돌았다.

대학 입시준비를 하는 아이들과 함께 학원에 다녔다. 한 번의 낙방이 가져다준 충격은 엄청나게 큰 스트레스를 몰고 왔다. 자나깨나 벗어나기가 어려웠다. 급기야 몸이 말을 듣지 않기 시작했다. 나의 육체는 정신의 지시를 거부하고 위장부터 반기를 들었다. 음식물을 소화하지 못하니 영양 부족 현상이 왔다. 무기력한 생활이 지속되었다. 삶에 대한 회의가 끝없이 일어났다. 이러한 와중에 까마득히 잊었던 창영에 대한 그리움이 갑자기 도졌다. 직장이고 가정이고 다 팽개치고 훌훌 미국으로나 떠나 볼까 하는 궁리도 하였다.

이 지경에 이르고 나니 아내는 직장보다 남편의 건강을 더 걱정하였다.

"지지고 볶고 다투어도 괜찮아요. 사무관이 되지 않아도 좋으니 건강만은 잃지 말아요, 그 개똥 같은 글을 쓰는 것도 잔소리 않을 테니 쓰세요." 하고 신신당부하는 것이었다.

어떻게 그 고비를 넘겼는지 잘 기억이 나지 않는다.

십여 년 전, 내가 정년 퇴임식을 할 적에 나를 잘 아는 공무원 몇 분은 이렇게 말하였다.

"고개 숙인 남자가 논두렁 타기에 성공했다."

"조상의 음덕이 있었다."

"관운이다. 마라톤 완주가 쉽지 않은데 그보다 더 어려운 일을 해내었다. 진심으로 축하한다."

이 말 속에는 함축하는 내용이 많다. 사실 나도 그 긴 영욕의 세월을 어떻게 무사히 지나왔는가를 잘 모르겠다. 전화위복이랄지, 아내가 '개똥같다' 고 하는 그 글짓기 덕분에 공직을 마친 후에 백수 신세를 면하고 지금까지 대기업의 사보 편집장으로 일할 수 있었다. 이러한 배경에는 공직시절의 화려한(?) 경력이 당연히 고려되었다고 본다. 다만 문단에 등단하지 못한 자격지심은 열등감으로 남아 있어서 수시로 나를 괴롭혔다.

다행히 나는 모자란 간판을 채우기 위해 더욱더 분발한 덕분에 이 분야의 최장수 편집장이 되었다는 생각을 한다.

세월을 화살 같다 하였다. 정신없이 지내다 보니 어느덧 제2의 천직이었던 이 자리도 마쳐야 할 때가 다 되었다. 이번 미국 현지 취재를 끝으로 물러날 것이다. 회사에는 몇 년 전부터 그만둘 의사를 표시해온 만큼 대기하고 있는 후배에게 자리를 비워 주어야 한다. 노병은 사라지는 뒷모습이 아름다워야 한다.

이 직장이 확정되기 전까지만 해도 아내는 공직을 떠나면 남은 인생을 어떻게 살아갈 것인지 고민을 했었다. 당사자인 나보다 더 고심하였다. 그러다가 사보를 맡는다는 소식에 너무나 기쁜 나머지 "개똥도 약이 되구먼!" 하면서 자판이 반쯤 날아간 타자기를 신주 모시듯 극진히 간수하기까지 하였다. 요즘이야 컴퓨터로 원고를 작성하는 관계로 타자기는 박물관에 가야 볼 정도로 귀한 물건이다. 그처럼 귀한 물건이 안방 문갑 위에 떡 버티고 있으니 이 광경을 보면 누구라도 한마디 한다. "보물이 따로 없네." 그러면 아내는 '임금님의 양치기 시절 옷' 이라고 웃으며 말한다.

지난봄 편집회의 안건을 토의하는 시간에 기획팀장이 미국 현지 취재의 중요성을 강조하면서 이렇게 말했다.

"편집장님, 가을호 미국 특집에는 휴스턴의 딜러 한 분이 핵심입니다."

"미국에 있는 수많은 딜러 중에 왜? 휴스턴인가?"

"휴스턴 시에 우리 회사 현지 공장 건립할 때 어려웠던 사실을 아시죠? 얼마나 힘들었습니까. 시 당국에서는 유치를 하려고 발 벗고 나섰죠. 이러한 배경에는 휴스턴의 우리 회사 딜러 한 분의 역할이 정말 지대하였다고 합니다."

"시 당국에서 직원 자녀 교육까지 책임지겠다고 나설 정도로 적극적으로 유치하였기 때문에 해결이 가능하였다고 알고 있네."

"그렇습니다. 시가 숱한 문제를 해결하는 동안, 고비마다 이분이 고생을 하셨답니다. 이분은 딜러로서도 미국 전역에서 최고의 판매왕으로 자리 매김하고 있으며, 처음 수출한 우리 차를 아직까지 타고 다니신다고 합니다."

"그런가. 당연히 특집에 톱 기사로 하여야 될 것 같네. 그 딜러는 어떤 사람인가?"

"잠깐만, 어디 있나. 아! 편집장님의 여행계획서 첨부 자료를 보시면 인적 사항이 잘 나와 있습니다. 그런데 놀라운 일은 이분 이름은 미국 사람이나 우리나라 사람이 틀림없다는 것입니다. 더 놀라실 일이 있습니다. 제가 수집한 자료에 의하면 이분이 편집장님과 동년배이시고 어쩌면 평소 편집장님께서 말씀하시던 그분이 혹시 아닌가 하는 생각을 합니다."

"아니, 그 사실을 왜 여태껏 알려주지 않았나, 이 사진이 팀장이 이야기하는 사람인가?"

첫눈에 창영을 알아보았다. 이마에 난 굵은 주름, 버크셔 종돈의 인상, 내가 어릴 적에 본 창영의 아버지였다.

*

안전벨트 표시등이 꺼졌다. 〈메쉬〉는 오래 전에 끝났다. 다음 승객이 타면 또 같은 영화가 시작될 것이고 승객들에게는 여전히 한국은 전쟁이 아직 끝나지 않은 나라로 남아 있을 것이다.

공항에는 현지 광고회사에서 나온 흑인 안내인이 기다리고 있었다. 그는 내가 가야 할 곳을 잘 알고 있는 듯 짐을 싣자마자 휑하니 차를 몰았다. 실내장식과 계기판, 승차감 등이 최근에 수출한 우리 회사의 차종이었다. 방금 내린 비행기 속 분위기와는 사뭇 달랐다.

거리를 달리는 차들 사이에 낯익은 우리 회사 모델들이 보였다. 나는 은근히 자랑하고 싶어졌다.

"방금 지나간 저 차를 아십니까?"

"네, 알다마다요. 휴스턴 최고, 아니 아메리카 대륙 최고의 딜러이신 폴 사이먼 3세가 판매한 차량들입니다. 이 차 역시 그의 판매점에서 구입했어요. 아주 좋아요. 정말 멋져요."

그는 핸들을 놓고 두 손을 들어 좋다는 표시를 하였다. 이러다 사고가 나지나 않을까 걱정을 하면서 덩달아 나도 기분이 좋아졌다. 그는 휴스턴의 과학자들은 그들이 만든 우주선을 지구 밖 세계로 띄우면서 자신들이 타고 다니는 차는 거의 한국산이고, 딜러들은 한국산 차를 파는 판매점을 서로 얻으려고 야단이라는 이야기를 해 주었다. 마치 빠른 랩 가사처럼 리듬을 타고 흘러나오는 그의 말소리에 비행기 속에서 느낀 찝찔한 감정이 말끔히 사라졌다. 이어서 창영을 만난다는 설렘이 엄습해왔다.

안내인이 쉬지 않고 틀어놓는 미국 본토의 랩 음악을 들으며 지루한 줄 모르고 한 시간쯤 달렸을 때 도로변 건물 위에 낯익은 광고판이 나타났다. 반가웠다. 먼 이국땅에서 본 우리 회사의 광고는 그렇게 친밀할 수가 없었다. 디자인이나 색채가 너무 정겨웠다.

광고판이 있는 건물에 원형의 차량 전시장이 있었다. 승용차가 가지런히 진열된 그곳을 지났다. 이어서 커다란 너도밤나무 숲 사이에 화강암으로 지은 저택이 보였다.

안내인이 경적을 울렸다.

조금 있으니 현관문이 열리며 어른 아이 합쳐서 십여 명의 사람이 나와 계단 아래에 도열했다. 내가 차에서 내려 제일 먼저 한 행동은 창영을 찾는 것이었다. 그들이 무어라 인사를 하건만 들리지 않았다.

엉거주춤한 자세로 누가 창영인가. 열심히 둘러보는데 키가 크고 이마에 두 줄기 큰 주름이 나 있는 금발의 백인이 인사를 하며 앞으로 나섰다.

"어서 오십시오 환영합니다." 영어로 말하더니,

"어서 오이소. 반갑습니더." 우리말을 하였다.

"반갑습니더. 반갑습니더. 반갑습니더!"

이구동성으로 어른 아이 할 것 없이 모두가 고개를 숙이며 한국말로 인사했다. 그 목소리 사이에 좀 더 길게 '더-' 를 발음하는 노부인은 제법 나이가 들어 보였다. 그녀가 제일 연장자로 보였다. 나를 환영하는 그들은 누구이며 창영과는 어떤 관계이고 창영은 왜 나타나지 않는가? 나의 의아한 표정을 본 그녀가 반가운 얼굴로 다가왔다.

"창영을 찾아오셨죠, 한국에서 오신 종희 씨 맞죠? 당신 이야기를 수없이 많이 들었어요. 그이가 말하는 고국에 대한 이야기는 당신과 버크셔 종돈 그리고 스위트 피시(은어)일 뿐, 다른 추억은 없었나 봐요. 오로지 종희 씨와 살았던 어린 시절만이 유일한 리멤버 스토리였어요."

"내가 종희입니다. 창영을 만나려고 한국에서 왔습니다. 빨리 보고 싶군요."

"그는 당신을 무척 기다렸어요. 지난봄에 방문하시겠다는 전화를 받고 어린아이처럼 기뻐하셨어요. 당뇨병으로 오랫동안 병상에서 지냈건만 이날은 병이 다 나은 듯 일어나 목욕과 면도를 하였답니다. 당신을 만나기를 학수고대했습니다. 매우, 매우 기다렸답니다."

그녀의 눈에 맑은 물이 고이더니 금방 굵은 눈물이 흘러내렸다. 나는 어찌된 영문인지 모른 채 멍청하게 금발의 백인을 보았다.

"나를 따라오십시오. 아버지를 뵈러 갑시다."

"자, 모두 뒤뜰로 갑시다. 어머님도 함께 가세요."

며느리인 듯한 중년의 여인이 검정색 손수건을 꺼내 노부인의 눈물을 닦아주었다.

이 모습을 보며 나는 그제야 그녀가 검은 드레스를 입고 있다는 것을 알았다. 크고, 작은 아이들이 앞을 지나쳐 뛰어갔다. 노랑머리 속에 검은 머리 아이도 보였다. 그들을 따라 잔디밭을 걸었다.

잠시 후 낮은 관목 울타리로 둘러싸인 곳이 있었다. 그곳은 풍화작용으로 삭은 비석들이 즐비한 공동묘지였다. 아이들이 가지고 간 꽃다발을 새 비석 앞에 놓았다.

"아버지는 지난달에 돌아가셨습니다."

"언제 돌아갔어요, 준? 줄라이?" 내가 반문했다.

"네 7월입니다."

온 가족이 두 손을 모아 기도하였다.

나는 망연자실한 채로 '폴 사이먼 3세, 김창영. 1936년 10월 ~2007년 7월 7일' 로 새겨진 비석을 끌어안았다.

"그랜드 파더! 그랜드 파더!"

"일어나세요. 그랜드 파더!"

얼마나 시간이 흘렀는지 모른다. 아이들이 나를 흔들어 깨웠다.

노랑머리의 소년이 쭈그리고 앉아 근심스런 표정으로 나를 빤히 올려다보았다. 소년의 얼굴 모습이 창영과 너무나 흡사했다. 이마에 난 주름이 특히 닮았다. 어릴 적 창영의 이마빼기를 그대로 빼어놓은 것 같았다. 다른 아이들도 엇비슷한 인상이었다. 언뜻 창영의 집에서 키우던 종돈 생각이 났다. 그 시절 고향 동네 어디에나 그 집 종돈을 닮은 버크셔종의 돼지를 키웠다.

이런 판국에 하필이면 사람을 돼지에 비교하다니, 나는 스스로 한심한 생각이 들었다. 수십 년 만에 친구의 소식을 들었다. 그것도 무덤에 와서 죽음을 알았다. 그와 나의 만남은 이처럼 실현 불가능한 과제였다. 다가가면 지남철의 동일한 극처럼 만나려는 순간 서로 멀어졌다.

눈물이 시야를 가렸다. 아이들이 놓아둔 노란 꽃빛이 투명한 햇살에 흩어진다. 주위를 둘러보니 온통 노랑색 꽃이 만발한 미국 가막사리 밭이었다.

중도의 삶 속에 피어난 한 송이의 꽃 養閑集

김 연 호_제천 옥소예술제 명예위원장

1973년, 봄날이 한창 익어가는 4월의 어느 날이었습니다.

진주 칠암벌의 경상대 중앙 강의동 앞, 두 그루 작설나무에는 이제 막 피어나는 새순이 더없이 싱그러웠습니다. 신록의 빛깔이 곧 손바닥에 묻어날 것만 같은 차 잎을 한 줌 따서 한 닢씩 입에 넣으며 그 향과 맛을 음미해 보았습니다. 어느새 입 안 가득 번지는 싱그러운 차향을 문 채 동학의 20여 학우들과 함께 잔디밭 한 곳에 둘러앉았습니다. 그때 우리는 군에서 막 제대하고서 곧장 달려온 듯이 보이는 짧은 두발의 복학 형 한 분을 맞이하였습니다.

첫 인상이 어쩜 할리우드의 배우 알파치노처럼 눈빛이 강한 느낌의 살아 있는 그런 이미지였습니다. 그렇게 만나 같이한 3년간의 대학생활 동안 저는 비교적 형을 가까이 따르는 편이었는데, 형의 자세는 순간순간을 소중히 아는 사람처럼 한 번도 허튼 점이 보이지 않았습니다. 어떨 때는 무언가 진지함을 가득 안고서 스치는 형이 참 겁난 분이다 싶기까지 했습니다. 어느 경우 대화의 장이 벌어지면 사회변화상황과 학문을 보는 남다른 직관과 절제된 언어로 좌중을 주도하는가 하면, 행동에서도 교수님들과 지성인을 존경하고 동료들을 대하는 진솔한 태도 하나하나가 모범이 되는 그런 모습이었습니다.

형은 우리와 서너 살의 나이 차이가 있기는 하지만 박학한 지식과 처세관 등으로 같은 대학생이면서도 그 이상으로 존경을 받았습니다.

저의 망막에는 지금까지도 지워지지 않는 당시 형의 강한 이미지가 한 컷 있습니다. 어느 가을날 수의관 앞뜰의 빛을 가득 머금은 단풍나무 옆 벤치에서 석양을 바라보며 무언가를 응시하고 있는 형의 자세는 꼭 높은 나뭇가지에 앉아 있는 정중동의 매 한 마리를 연상케 하는 장면이었습니다.

아마도 당시 형은 인생에 대한 물음과 문학을 위한 사물에의 관조가 내면 깊숙이 용솟음치고 있었지 않았나 싶습니다. 눈빛은 눈에 힘만 준다고 나는 게 아니라 치열한 구도가 있어야 산다는 말은 바로 형에게 어울림직했습니다.

형은 재학 시에 학보나 교지를 통하여 문장력을 휘날리기도 했습니다. 또 이를 통하여 많은 칭송도 받고 있었습니다. 저도 은근히 형을 좀 닮아 보고 싶은 욕심에 우리 대학의 교지인『개척지』에 공모하기 위하여 어렵사리 논문이랍시고 한 편을 쓴 적이 있었습니다. 비록 본론을 장황하게 쓰기는 했지만 정작 서문을 이끌어내는 데는 상당히 어려움을 겪고 있었습니다. 고심 끝에 형께 자문을 구했습니다. 형은 오히려 저의 고뇌를 대신해 오다 얻어진 논리인 양 단숨에 서술이 되게 조언해 주었습니다. 그때의 감동은 저의 가슴에서 늘 떠나지 않고 있습니다. 그것도 30년이 훌쩍 지난 지금 보아도 전혀 어색함이 없이 합당한 도입과 논리의 문장을 형은 당시에 어떻게 이끌어 낼 수 있었을까 싶은 놀라움이 있습니다.

가끔 저의 작은 서재 한 곳에 꽂혀 있는 서찰집書札集을 지인들과 함께 펼쳐볼 때가 있습니다. 여러 서찰 중에 다들 형이 보내준 몇 통의 서찰에서 눈길을 멈추곤 합니다. 아마도 개성 있는 필체에다 마치 선사의 게송 같은 깔끔한 맛의 문장력에 끌리어서인 듯합니다.

형은 첫 만남부터 지금까지 저에게 주어진 인상은 내내 강한 주관으로 채색되어 있는 그런 분이었습니다. 그러나 누구와도 쉽게 어울리는 친화력과 모범적인 삶이 저로선 또한 범접하기 어려운 부분이기도 합니다. 그동안 탁월한 업무수행능력과 허심탄회한 지인들과의 교유가 형의 공직생활 30년을 순탄하게 이끌어준 비결이라면 비결이 아니었던가 생각되기 때문입니다.

그런데 늘 존경심만 더하던 형께서 진작 내놓았어야 할 창작집을 이제야 내놓게 되었다며 불초 저에게 자문과 함께 글 한 편을 보내라며 이미 출판에 들어가기 직전인 양한집 가편집 원고 보따리를 보내온 것입니다.

사실 저에게는 형의 옥고를 고요한 시간을 얻어 진지하게 읽어 볼 수는 있을지언정 감히 조언이나 발문은 분수에 넘는 일이라 생각됩니다. 하지만 진지한 형의 요청을 강력하게 거부하기에는 저의 변명이 진부할 것만 같아 어쩔 수 없이 응해야 했습니다.

그러나 저간의 저의 일정상 낮의 시간에는 펼쳐볼 정신적 여유가 없었습니다. 하지만 형이 보내온 창작집 보따리를 그냥 한쪽으로 제쳐둘 수도 또한 도저히 없었습니다.

하여 바로 뒷날 새벽 2시에 일어나 차근히 한 장 한 장 넘기어 보았습니다. 모두가 근 30여 년 시공간 속에서 이루어진 작품들이었습니다. 긴 세월 속에서 이루어진 작품에서인지 얼마를 보지 못했는데도 창가에 어둠이 옅어지고 있었습니다. 그렇게 며칠을 산문, 칼럼, 콩트, 단편소설을 순서대로 보았습니다. 하지만 형의 작품을 두고서 발문을 이끌어 낸다는 것은 저의 능력으론 너무도 부치는 언어도단이나 다름이 없었습니다. 단지 저의 가슴속 저 깊은 곳까지 느끼어지는 한마디는 형의 작품들 한편 한편은 모두가 삶 속에서 순간순간이 이어져 온 체험들이 문학으로 승화되었구나 하는 것입니다.

그동안 진작 창작집을 상재하지 않은 형에 대한 의문이 이 한 권에 다 압축되어 있어 보이기까지 했습니다. 형의 사회생활 30년 세월, 국록을 먹는 공직자로 직무를 다하기 위하여 그 이글거리는 문학성을 때론 잠재우면서, 때론 몇 편 원고지에 옮겨 실은 것이 고스란히 이 한 권에 담겨 있어서입니다.

저는 무엇보다 형의 두툼한 창작집 원고 보따리에서 한 공직자의 중도 생활의 철학관을 엿볼 수 있어 존경심이 더했습니다.

한 번은 재학시절 겨울방학을 이용, 문학성의 싹을 가꾸어 보겠다는 의지인 듯하여 다솔사 입산을 도와드린 적도 있습니다. 하지만 후에 만약 문학의 창작에만 너무 치우쳤다면 그 성공 여부를 떠나 현실적으로 형의 오늘날 같은 훌륭한 목민관의 자세가 존재할 수 있었을까 하는 의문이 일기 때문입니다.

비록 단행본이기는 하지만 저의 피부에 몇십 권 전집의 무게만큼이나 묵직하게 와 닿는 느낌은 아무래도 다양한 장르와 소재가 주는 풍성함에서일 것입니다. 특히 두 편의 문제작 단편소설과 15편의 콩트에 저로선 놀라지 않을 수가 없었습니다. 이는 앞으로 분명 눈 밝은 평론가들의 관심거리가 되어지리라 봅니다.

가끔 여러 인사들이 인생의 한 단계를 마무리할 경우 내놓는 글 모음집을 접하게 되는 경우가 더러 있습니다. 이는 대개가 그럴싸한 이름으로 포장된 잡문 모음집들이었습니다. 물론 이도 어느 면에서 나름대로 한 시대상을 반영하는 자료가 되어주기도 하지만 문학성이란 핵은 빠져 있는 경우가 많았습니다.

하지만 형의 창작집은 그야말로 한평생 쉼 없이 타오르는 인생에 대한 물음, 사물에의 깊은 관조, 수의와 축산 제반문제에 대한 고뇌가 그대로 문학이란 꽃 한 송이로 피어나 짙은 향기 묻어나고 있으니 그 무엇에도 비견할 수 없는 자존심이었습니다. 비록 좀 늦기는 했지만 형의 창작집은 항시 중도의 생활 속에서 준비하는 자만이 가질 수 있다는 교훈을 여실히 보여주는 하나의 사건이 아닐 수가 없었습니다.

형의 그동안 삶의 진지함과 한시도 놓지 않은 문학성을 가슴 깊이 삭히며 기다림 속에 지내오다 이제야 일 갑자를 기하여 호를 제자 삼은 양한집에 숨겨두었던 보물처럼 고스란히 담아서 세상에 내어 놓음을 진심으로 축하드립니다.

바라건대 앞으로 공직의 매임을 떠나 마음 탁 놓으시고 학처럼 사는 자한自閑 속에 문학의 꽃향기 은근하시길 빌면서 사족을 줄입니다.

부디 양한자족養閑自足하소서.

-무자해 늦가을에 제천 七星峰下 茶林之室에서 金然鎬 識.

양한집 養閑集
정희식 창작집

찍은날 2008년 11월 27일
펴낸날 2008년 12월 4일

지은이 정 희 식
펴낸이 오 하 룡
펴낸곳 도서출판 경남
631-430 마산시 서성동 66-18
☎(055)245 - 8818~9
http://www.gnbook.com
E-mail:gnbook@empal.com
(등록 제2호 1985. 5. 6)
편집팀 | 오태민 심경애 구도희

ISBN 978-89-7675-531-5-03810
〔값 10,000원〕